LE SYNDROME DE CALIMERO

Paru au Livre de Poche :

Les Amours impossibles

Hypersensibles

Renaître après un traumatisme

Le Sentiment d'abandon

SAVERIO TOMASELLA

LE SYNDROME DE CALIMERO

ALBIN MICHEL

ISBN : 978-2-253-18816-2 – 1re publication LGF

À Marie-Jeanne, à Pierre, à l'amitié.

« Socrate, c'est d'abord un geste, une interpellation enjouée, secrètement impérieuse. Les hommes vont à leurs affaires, ils exercent ce qu'ils appellent leurs compétences. Socrate lève son bâton, et dit : "Arrête-toi, mon ami, et causons un peu. Non d'une vérité que je détiendrais, non de l'essence cachée du monde ; mais de ce que tu allais faire quand je t'ai rencontré. Tu croyais cela juste, ou beau, ou bon, puisque tu allais le faire ; explique-moi donc ce que c'est que justice, beauté, bonté." Ainsi naît le dialogue, au ras de l'activité quotidienne, et la prenant à contre-pied, puisqu'il l'oblige à rendre ses comptes. »

Jacques Brunschwig,
Socrate et écoles socratiques.

PROLOGUE

« Aucun objet complexe ne peut être correctement appréhendé s'il n'est pas saisi sous plusieurs angles à la fois, et éclairé par des théories différentes. La reconnaissance de leur complémentarité empêche la réduction du phénomène observé à une détermination causale. »

Serge Tisseron,
Fragments d'une psychanalyse empathique.

Hélène est arrivée tôt ce matin au bureau pour avancer tranquillement dans la rédaction d'un dossier important. Au moment de la pause, en milieu de matinée, elle explose devant ses collègues : « Je n'en peux plus. Patricia est encore venue se plaindre pendant une demi-heure dans mon bureau, alors que j'ai tellement besoin de calme et de temps pour boucler mon dossier ! Elle m'assomme, avec ses jérémiades. Je ne la supporte plus ! Il ne se passe pas un jour sans qu'elle me pompe l'air avec ses petits problèmes sans importance... Elle ne voit qu'elle et son nombril, il n'y en a que pour elle : on dirait qu'elle est la seule à souffrir. Calimero, voilà ce qu'elle est, une infernale geignarde maladive. Elle m'épuise ! »

Nous connaissons tous, ou avons connu, une personne plus ou moins proche saisissant le moindre prétexte, au cours d'une conversation, pour déverser ses récriminations, dans un flot de lamentations souvent continu. Les individus plaintifs semblent souffrir d'une plaie à vif qui saigne continuellement, comme une hémorragie incessante de pleurs et de griefs. Leurs gémissements se révèlent infinis : « Personne ne m'aime », « Personne ne s'intéresse à moi », « Personne ne me respecte », « Tout s'acharne contre moi », « Je suis maudit », « Je suis le plus malheureux du monde », etc. Comme les héros des tragédies, ils paraissent ne pouvoir vivre qu'en exprimant les difficultés et le poids de leur douloureuse existence.

Qu'en est-il, en fait ? D'une part, il est vrai que notre quotidien est encombré par une profusion de plaintes de toutes sortes. D'autre part, le monde dans lequel nous vivons nous confronte très régulièrement à nombre d'injustices réelles, et flagrantes, que ces injustices soient mineures ou majeures.

Réfléchir au sentiment d'injustice, à l'insatisfaction et à la plainte requiert nuance et subtilité, autant qu'une grande humilité pour accepter la complexité des situations humaines et des personnes elles-mêmes. Gardons-nous d'aborder les unes et les autres dans un esprit de réductionnisme, de simplisme ou de dualité. En effet, il n'y a pas d'un côté les méchantes plaintives ou les mauvais grincheux, et de l'autre les incroyables héroïnes du quotidien ou les merveilleux athlètes de la placidité, capables de tout supporter en silence sans se lamenter.

L'invasion par les récriminations de toutes sortes, cette intrusion de laquelle nous cherchons à nous protéger, est aussi un phénomène lié à la circulation d'informations incomplètes ou unilatérales. Les dénonciations récurrentes de la plainte se répandent d'autant plus aisément qu'elles flattent notre propension... à nous plaindre d'autrui ! Facilement fallacieux, les arguments utilisés nous autorisent néanmoins à mettre à l'écart ceux qui nous dérangent, dans un cycle sans fin de complaintes et de protestations.

La situation est encore compliquée par quelques nouvelles formes de morale, comme les injonctions à « positiver » ou à « vivre l'instant présent ». Ces idées sont intéressantes et apportent de l'aide dans bien des cas, mais elles peuvent se muer en contraintes rigides empêchant l'accueil réel de l'autre, la fluidité de la communication et la spontanéité des échanges. Elles sont même susceptibles d'augmenter les souffrances de personnes sincères, qui essaient d'appeler leurs proches à l'aide par des plaintes parfois maladroites, certes, mais dignes d'attention et de respect.

Sophie témoigne de l'importance d'être écouté lorsque l'on souffre : « Quand j'étais au plus mal, j'ai été soulagée par la prise en charge de ma plainte. Nous sommes dans une société de performance obligée, où il est très difficile de faire entendre la douleur sans être renvoyé, même implicitement, à une sorte d'idéal de surhomme ou de surfemme ! J'ai pris conscience, à cette occasion, de la nécessité de pouvoir être entendu. Se plaindre, c'est aussi reconnaître enfin ses fragilités, à l'encontre de cet idéal de perfection ! »

Si les râleurs, les grincheux et les Calimero sont nombreux autour de nous, s'ils empoisonnent notre existence, chacun de nous peut aussi avoir ses moments « Calimero » ! Cela semble bien naturel, et il paraît quasiment impossible d'éviter ce travers, du fait même de la vie en société, c'est-à-dire l'existence avec les autres, qui ne nous ressemblent pas et correspondent rarement à nos attentes, et réciproquement...

Nous aurons donc à nous poser quelques questions précises pour tenter d'y voir plus clair. Qu'est-ce que l'injustice ? Le sentiment d'injustice découle-t-il chaque fois d'une injustice réelle ou peut-il mettre au jour une injustice ancienne jusque-là oubliée ? Que manifestent nos plaintes ? Qu'expriment-elles, au fond ? Que viennent-elles révéler ? Lorsque ces plaintes deviennent pesantes, ou destructrices, comment différencier pessimisme et nihilisme ? À moins qu'il ne s'agisse tout bonnement d'infantilisme ? La plainte perpétuelle correspond-elle à un refus de se révolter plutôt qu'à une vraie révolte contre l'injustice ? N'est-il pas bon, parfois, et nécessaire aussi, de s'indigner ? Ainsi, la question centrale n'est-elle pas avant tout celle de la *justesse* plutôt que de la justice ?

Avant de clore le prologue, ajoutons quelques mots sur la méthode employée pour mener cette étude sur l'injustice. Lorsque je commençai activement mes recherches, je parlai avec Claude Nachin de certaines critiques de plus en plus virulentes contre la psychanalyse. Mon ami me répondit, en visant juste : « Ces attaques sont provoquées par les sociétés de psychanalyse, notamment les plus puissantes, et par leur discours ronronnant. » Ce à quoi il ajouta : « Nous ne pouvons pas penser la psychanalyse aujourd'hui sans avoir un point de vue résolument iconoclaste. » Au même moment, dans nos discussions avec des collègues et amis, à Paris ou en province, nous étions de plus en plus nombreux à exprimer la nécessité de refonder entièrement la psychopathologie à partir de la psychanalyse actuelle, de la pratique réelle d'aujourd'hui et de ce que vivent concrètement nos contemporains. Il m'a donc semblé nécessaire d'écrire cet ouvrage à partir de témoignages récents, plutôt qu'en ne se référant qu'à une théorie (plus ou moins passéiste), ou même en ne s'appuyant que sur des références théoriques, fussent-elles variées. Aussi ce livre est-il issu d'une enquête de plusieurs mois, relayée par des collègues psychanalystes auprès de leurs patients et de leur entourage (amis, collègues, famille)[1].

Comme Freud lui-même le recommandait au chercheur en psychanalyse, nous serons autant à l'écoute de l'individu que de la société et de la culture. En nous appuyant sur cette enquête, ainsi que sur d'autres témoignages de patients et sur des œuvres artistiques (romans, poèmes, pièces de théâtre, films), nous chercherons à mieux comprendre l'injustice et le sentiment d'injustice, la plainte, sa nécessité et ses nombreux usages, pour découvrir, à partir d'exemples, comment certaines personnes ont réussi soit à trouver la bonne distance face à un individu dont l'insatisfaction est trop envahissante, soit à se libérer elles-mêmes de leur tendance à se lamenter exagérément ou continuellement.

1. L'étude a été menée auprès de 23 femmes et 15 hommes des régions Île-de-France, Bourgogne-Franche-Comté et Provence-Alpes-Côte d'Azur, âgés de 18 à 89 ans et issus de contextes socioculturels très diversifiés.

1

CHACUN SON CALIMERO

> « Le monde est injuste et méchant. On abuse de ma crédulité parce que je suis petit et faible. C'est trop injuste ! »
>
> Calimero.

La protestation bien connue de Calimero, sympathique personnage du célèbre dessin animé du même nom, correspond à un cri du cœur. Sa révolte touche les enfants parce qu'ils peuvent facilement s'identifier au petit poussin, éprouver une forte empathie pour lui et se reconnaître à travers les déconvenues dont il fait répétitivement l'expérience, comme dans la vraie vie. Pour un enfant, la découverte de la vie passe autant par d'heureuses surprises et de grandes joies que par des déceptions ou des peines, et les désillusions sont fréquentes.

Les adultes peuvent aussi, secrètement, se retrouver dans ce personnage qui insiste pour être pris en considération, respecté et traité avec équité. D'abord parce que l'enfant en nous n'est pas encore complètement consolé de ses déboires passés – pourra-t-il l'être un jour ? – et que nombre d'injustices vécues sont encore vives dans nos mémoires. Ensuite, et au-delà de notre légitime désir de justice, parce que nous avons gardé cette habitude d'attirer l'attention et la sollicitude d'autrui en nous plaignant à lui. Enfin, parce que notre besoin de reconnaissance pourrait bien être insatiable !

Évidemment, Calimero n'est pas Zorro, qui, lui, combat sans relâche les injustices dont sont victimes les autres ; Zorro ne se plaint pas, il agit sans se faire prier et sans attendre. Les Calimero, au contraire, du fait de leur attentisme ou de leurs réclamations, sont perçus comme des êtres plutôt insupportables, voire invivables, pour eux-mêmes autant que pour leurs proches...

Ainsi, le qualificatif « Calimero » semble désigner un individu ayant tendance à se plaindre sans cesse, voire à pleurnicher, larmoyer ou gémir. Il peut correspondre à d'autres figures de fiction, comme le vilain petit canard, Grincheux, Cosette, etc. Il arrive que son utilisation manque de finesse et de nuance, particulièrement lorsqu'elle vise les êtres blessés, à bout de forces, ceux qui ont des raisons tangibles de se sentir incompris, mal considérés, rejetés. Il est donc nécessaire d'aller explorer au plus près ce qu'il en est.

Une mascotte à la française

Dans un article intitulé « Calimero, un héros très français », publié par *Le Figaro* du 14 juin 2013, le journaliste Maxime Pargaud insiste sur la popularité de cette mascotte qui exprime le mal-être de tout un chacun.

> « Le Français aurait le don de toujours voir les mauvais côtés des choses, comme l'antihéros du dessin animé. Depuis la fin des années 80, le pessimisme serait même une seconde nature dans notre société. Vingt ans plus tard, une nouvelle génération, née avec la crise, peut-elle se reconnaître dans le spleen de Calimero ? »

« C'est vraiment trop injuste » est la ritournelle que l'oisillon sympathique ne cesse de bredouiller dans le dessin animé créé par Toni et Nino Pagot en 1962. Cette expression « pourrait bien être le leitmotiv d'une France qui n'a pas le moral », pointe le journaliste, alors qu'il annonce le retour de Calimero en 2014, dans une nouvelle série.

Calimero revient alors, plus optimiste, dans un dessin animé très coloré et joyeux. Il ne zozote plus et continue à être coiffé de sa coquille ébréchée, le signe distinctif de son très jeune âge, comme s'il était à peine sorti de l'œuf, ce qui souligne sa naïveté et sa candeur. « Nous avons essayé de faire en sorte que le personnage ne soit plus la victime qu'il a été dans le passé », explique Pierre Balaïsch, directeur de la société Gaumont Animation. « La perception de Calimero aurait changé. Les Français ne le trouveraient plus si plaintif que ça », conclut Maxime Pargaud.

Un personnage complexe vu de façon équivoque

Notre enquête révèle également que de nombreuses personnes ont une opinion favorable de Calimero, qu'elles considèrent avec bienveillance, et auquel elles réservent un accueil joyeux et sympathique, voire empathique.

Plus enclines à la patience et à la tolérance que d'autres, elles pensent sans doute qu'il vaut mieux exprimer sa plainte que la refouler, car elle trouvera sinon d'autres formes pour s'exprimer, y compris l'agressivité, voire la vindicte.

Cette indulgence pour la plainte, du fait de sa saine nécessité, se trouve par exemple dans *Les Mains sales* de Sartre. Hoederer tente de convaincre Hugo de ne pas le tuer. Sartre révèle la fragilité de Hugo à travers sa plainte de mal-aimé ; or c'est le faible qui est prêt à tuer parce qu'il n'aime pas la vie. Il n'aime pas la vie car il ne se sent pas aimé. Subtilement, Hoederer réussit à lui donner la possibilité de se plaindre, et désamorce en douceur la situation :

Hoederer : [...] Quelle rage avez-vous tous de jouer aux tueurs ? Ce sont des types sans imagination : ça leur est égal de donner la mort parce qu'ils n'ont aucune idée de ce que c'est que la vie. Je préfère les gens qui ont peur de la mort des autres : c'est la preuve qu'ils savent vivre.

Hugo : Je ne suis pas fait pour vivre, je ne sais pas ce que c'est que la vie et je n'ai pas besoin de le savoir. Je suis de trop, je n'ai pas ma place et je gêne tout le monde ; personne ne m'aime, personne ne me fait confiance.

Hoederer : Moi, je te fais confiance.

Hugo : Vous ?

Hoederer : Bien sûr. Tu es un môme qui a de la peine à passer à l'âge d'homme mais tu feras un homme très acceptable si quelqu'un te facilite le passage. Si j'échappe à leurs pétards et à leurs bombes, je te garderai près de moi et je t'aiderai[1].

La plainte serait-elle, alors, une invitation à ce qu'un autre nous « facilite le passage », nous aide à exister, nous fraye un chemin de vie ou, plus encore, nous manifeste un peu d'intérêt, donc d'amour ?

« Personne ne m'aime », « Personne ne s'intéresse à moi », « Personne ne me respecte », « Je suis le plus malheureux du monde », « Ce n'est pas ma faute », ou son inverse « Tout est ma faute » : autant de récriminations qui trahissent la peur de ne pas être apprécié, donc de ne pas se croire à la

1. J.-P. Sartre (1948), 6e tableau, scène II.

hauteur, de devoir se contenter d'un rôle passif ou peu glorieux en lieu et place d'un héroïsme grandiose... Chez les personnes qui se plaignent, derrière la lancinante rengaine se cacheraient ainsi un aveu d'impuissance et une forme de paralysie de la volonté. Nous y reviendrons.

Un sentiment aussi incontrôlable qu'imprévisible

Lorsque le sentiment d'injustice surgit face aux difficultés du quotidien, nous pouvons être tentés de nous demander « pourquoi cela n'arrive qu'à nous »... Cette pensée révèle notre attitude devant les aléas de la vie. Au fur et à mesure de l'accumulation de petits ou grands déboires, nous saturons et notre bonne volonté s'épuise. Alors, le plus souvent malgré nous, le barrage saute et nous fulminons. De là à nous considérer comme des Calimero ? Cela semble impossible ! Au moins hors de propos...

En effet, la personne qui se plaint n'est pas toujours bien comprise ou bien considérée, surtout si l'injustice dont elle se dit victime n'est pas criante et que son appréciation reste subjective.

« Vous vous souvenez certainement de ce petit poussin noir qui s'exclame à chaque mésaventure : "C'est trop injuste !" Enfants, nous nous identifiions à lui, retrouvant nos attentes et nos déceptions. Adultes, nous reconnaissons en lui l'être blessé, qui se sent au bout du rouleau. Parfois, cette constatation a sa juste place. Dire la lassitude, voire la souffrance, a aussi une fonction de décharge, de soulagement et de partage. Le tout est de ne pas s'embourber dans la lamentation sans se bouger », résume avec justesse la psychologue Isabelle Levert[1].

« S'embourber dans la lamentation sans se bouger », voilà ce qui suscite chez certains de l'agacement et même une agressivité pouvant aller jusqu'à l'invective. À leurs yeux, Calimero représente un mélange des nains Grincheux et Simplet du conte de *Blanche-Neige*, un râleur inconséquent sans cesse en train de récriminer, de se lamenter et de clamer justice. Ils semblent avoir pris en grippe le petit héros naïf et spontané, au point de faire de son nom une insulte, une caricature du geignard infantile. « Ne fais pas ta Cosette ou ton Calimero », « Ne fais pas ta chochotte » : Calimero ne vaut guère mieux que Cosette, chochotte, grincheux ou autre geignard. Les qualificatifs ont une valeur péjorative, et les formulations laissent entendre que la personne qui gémit le fait exprès pour se faire remarquer ou se mettre en valeur.

Précisons que le terme « chochotte » est souvent utilisé comme insulte à l'égard des hommes homosexuels ou de ceux qui sont considérés comme tels. Une chochotte désigne un garçon efféminé. Pourquoi le féminin serait-il donc un défaut, voire

1. Voir www.la-psychologie.com; site consulté le 17 juillet 2015.

une tare ? Il n'est pas neutre que l'idée de plainte ait ainsi des connotations génériques. Se plaindre ne serait pas viril, donc peu valorisant – équation particulièrement machiste...

Trouvée sur un forum de discussion, la réponse d'un internaute à une femme que son compagnon a traitée de Calimero résume bien la complexité des affects associés au petit poussin noir : « Un Calimero est quelqu'un qui pense ne pas être aimé, ou qui a un sentiment d'injustice par rapport à quelque chose... Lorsqu'on voit le petit Calimero, il porte sans cesse son petit sac sur le dos, laissant penser qu'il s'est fait abandonner. Mais lorsqu'on traite quelqu'un de Calimero, c'est quand cette personne joue les mal-aimés. En bref, ton ami pense peut-être que tu te plains trop. »

Ce commentaire judicieux traduit l'ambivalence dans la relation au personnage. D'un côté, on éprouve de la compassion envers le « *petit* Calimero » au « *petit* sac ». Sans doute le spectre de l'abandon, comme une terreur enfouie, explique-t-il cette commisération. En même temps, traiter quelqu'un de Calimero signifie que l'on attribue une part de fausseté à sa souffrance : la personne *jouerait* les mal-aimés. Soudain, elle est décrédibilisée... Ainsi s'exprime toute l'ambiguïté de la plainte que révèle ce personnage, dont le nom peut être utilisé dans un sens ou un autre.

Comment le petit poussin abandonné auquel chacun pouvait s'identifier de façon gratifiante peut-il devenir un acteur plein de duplicité ? Calimero est-il un perdant digne de pitié ou un hypocrite sans scrupule ?

Comment comprendre, chez certains, ce refus de Calimero ? Découle-t-il d'une volonté de retenue des émotions, si puissante qu'elle pousserait à envier la liberté, la spontanéité ou la vitalité de celui qui *ose* protester ? L'antiCalimero trouve-t-il déplacé de maugréer alors que les injustices dont il a lui-même à souffrir sont tellement plus graves ? Considère-t-il la plainte d'autrui comme nécessairement superficielle, trop répétitive ou en porte-à-faux en comparaison de ce qu'il *tait*, lui ?

Pour mieux cerner le personnage, interrogeons celles et ceux à qui il arrive d'être associés ou de se comparer à Calimero.

Faire son Calimero

Dans un moment de déprime, Constance se surprend à penser : « À la maison ou au travail, je me sens débordée, j'ai l'impression que c'est toujours ma faute. »

Soraya lutte depuis plusieurs mois contre la récidive d'un cancer difficile à soigner. Épuisée et particulièrement lasse, elle confie : « Je me sens délaissée et incomprise. »

Après une forte déception, Clément ne se sent pas bien. Triste, il doute. Parfois, il se sent fautif sans raison et se met à penser à son insu : « Je n'ai rien fait, pourquoi me gronde-t-on ? » Cette petite phrase, venue spontanément à son esprit, vient révéler l'enfant qui souffre en lui. Il dit avoir besoin d'être tranquille face à l'acharnement des contraintes et des obligations du quotidien.

Voilà quelques exemples caractéristiques de ce qu'on appelle « faire son Calimero ». Comment cette invective est-elle vécue, et comprise, par ceux à qui elle s'adresse ? Quels sont les ressentis qu'ils éprouvent, au juste ?

Christopher reconnaît que, lorsque ses amis le traitent de Calimero, « c'est plutôt lié au fait qu'[il] se plaint de petites choses sans importance, plus par habitude que par réel ressentiment ». Il s'agirait là surtout d'un pli, d'une sorte de réflexe de mécontentement qui le pousse à maugréer, peut-être même d'une tendance à considérer la réalité de façon désabusée et pessimiste.

Masha, quant à elle, raconte :

> « L'an dernier, quand j'étais en classe préparatoire, mon père m'a comparée à Calimero. C'était lié au fait que je voyais tout en noir. J'étais incapable d'avoir un regard positif sur ce que je faisais. Je me plaignais de mes résultats au concours, que je percevais à ce moment-là comme décevants. Je n'aimais pas qu'on sous-entende par cette appellation que je cherchais à me victimiser. En même temps, j'avais conscience que cette dévalorisation constante de moi-même, mêlée à un réel sentiment d'impuissance, me faisait vraiment souffrir. C'est surtout pendant les années de classe préparatoire

que ce sentiment d'injustice, qui m'apparaissait paradoxalement comme fatal, a été le plus fort. J'entendais mon père dire parfois à propos de moi : "J'en ai assez de ses gémissements." Je me demandais pourquoi je m'infligeais un traitement aussi dur, pourquoi j'étais aussi méchante envers moi-même et pourquoi, par la plainte, je voulais que tout le monde (y compris moi et surtout ma famille) voie à quel point j'étais une personne lamentable. »

Les personnes qui gémissent ont-elles toutes une aussi piètre idée d'elles-mêmes ? Une chose est sûre, un sentiment d'injustice désempare celui ou celle qui l'éprouve et suscite une vive tristesse, comme le confirme Masha :

« Cela me rendait triste. Je ne me sentais pas bien, délaissée. C'était comme si le sentiment d'injustice entraînait un repli sur soi toujours plus grand. Je n'avais aucune capacité à répondre à l'injustice. Je ne pouvais pas m'affirmer. J'étais toujours réduite à une attitude infantile. »

Voilà un point très important, à notre avis, car ce qui spécifie Calimero, ce n'est pas tant la plainte, qui est universelle – nous le verrons bientôt –, mais bien le fait qu'il s'agit d'un petit personnage représentant un *très jeune enfant*. Traiter quelqu'un de Calimero serait donc mettre en évidence sa position d'enfant dans une relation en particulier, ou dans la vie plus largement. De là à l'infantilisation, il n'y a qu'un pas.

Dans bien des circonstances et pour bon nombre d'individus, un enfant malheureux prête à sourire, voire suscite la moquerie. Son désarroi est facilement considéré comme dérisoire, ridicule, méprisable, ou taxé de faiblesse. Au mieux, la peine de l'enfant est minimisée ou rapidement assignée au silence. En fait, enfant ou pas, la souffrance de l'autre gêne, elle déstabilise ou rebute. Il lui est donc demandé de ne pas trop en faire état...

Le passé ravivé

Même chez un adulte dans la maturité, la posture de Calimero donne à voir l'enfant incompris, malheureux, quelquefois inconsolable qu'il a été, ou prétend être encore, d'une certaine façon. De l'enfant timide et sincère qui a ou a eu réellement besoin d'attention à « Sa Majesté le bébé », qui épuise la bonne volonté de son entourage par ses exigences tyranniques et son désir d'être au centre du monde, le fossé est grand. Plaignants légitimes et plaintifs abusifs ne se ressemblent pas, même s'il peut être difficile de les départager à partir des seules apparences, souvent trompeuses...

Sous des allures de « gros dur », selon ses propres termes, pouvant se montrer abrupt voire dédaigneux, et en contradiction avec un discours volontiers moraliste, Roland reconnaît :

« J'implore ma femme : "Console-moi, je suis un petit garçon !" En voyage, alors que j'ai lourdement insisté pour partir loin, je lui serine : "Je ne me sens pas bien, j'ai peur d'être malade, je veux rentrer à la maison !" J'ai besoin d'un cocon. Je me repose sur ma femme comme avant sur ma mère... »

Après ce voyage, avec le recul, Roland est lucide sur lui-même et sur son comportement insupportable pour ses proches, surtout pour son épouse. Le recours à la plainte lui semble correspondre à un mécanisme répétitif, qu'il croit « inévitable ».

« Je suis incapable de m'extraire de moi et de mes bobos. J'essaie, mais les digues de la raison ne sont pas assez solides et tout casse à un moment. »

L'*impuissance* est un constat récurrent dans les témoignages de toutes les personnes que nous avons interrogées. Dès lors, le « syndrome de Calimero » se présente ainsi : une plainte insistante, voire incessante, de la part d'une personne centrée sur elle-même exigeant de son entourage une attention continuelle ; et tout se passe comme si cette manœuvre impérieuse constituait l'aveu implicite d'une impuissance à penser à autre chose qu'à ses infortunes réelles ou imaginaires, révélant plus profondément une incapacité à vivre vraiment son existence ou à oser être soi.

Un sentiment d'injustice

Comme Masha, Heidi met en avant « l'injustice » lorsqu'elle évoque son histoire. Celle qui dit avoir été longtemps « un vrai Calimero » se définit comme une femme « hypersensible, aimant la compagnie et ne supportant pas l'injustice ». Voici, d'après elle, les croyances ou les affirmations qui caractérisent ce type de personnalité :

— Les autres m'en veulent ;

— Ils font exprès d'être désagréables avec moi ;

— Ils ne me comprennent pas ;

— Si quelque chose ne va pas, on va penser que c'est à cause de moi ;

— Tout le monde passe devant moi. Personne ne tient compte de moi ;

— C'est encore moi qui vais être accusé(e) ;

— Je suis rejetée tout le temps ;

— Tout le monde se moque de moi ;

— J'ai peur d'être en public, d'être regardée ;

— Je suis malheureuse, je suis abonnée au malheur ;

— Je ne suis pas faite pour le bonheur ;

— Je suis trop petite, trop vulnérable pour y arriver ;

— Je suis différente des autres...

En fait, Calimero en appelle à la reconnaissance de l'injustice qu'il subit et, dans bien des cas, répète ses protestations jusqu'à ce qu'il soit entendu, au moins un tant soit peu. Heidi précise :

> « Depuis mon adolescence, je me sens différente par rapport aux autres. [...] Pendant très longtemps, j'ai été un vrai Calimero. Je me trouvais toujours victime de quelque chose. Chaque fois que je rencontrais des obstacles, des critiques, je me plaignais, sans chercher réellement des solutions. Je ne menais aucune action concrète pour sortir de la vie qui ne me convenait pas. »

Heidi met en évidence autant la position de victime que les traits caractéristiques de ses « réflexes Calimero » : une propension à l'immobilisme, une certaine forme de plainte « réflexe », comme un automatisme sans conscience, une réitération machinale, ou encore l'habitude de maugréer plutôt que de prendre des initiatives pour aller mieux. Elle identifie aussi un manque de confiance en elle.

> « Même si j'ai beaucoup changé, je suis encore parfois un Calimero. Je manque d'estime et de confiance en moi. [...] La froideur que je laisse paraître exprime l'opposé de ce que je suis réellement : ma très grande sensibilité. »

Pour Heidi, comme pour d'autres, Calimero est avant tout un grand sensible, nous préciserons ce point plus loin... Pour l'instant, intéressons-nous davantage au sentiment d'injustice.

Un moi blessé

En écoutant sans juger, nous découvrons que Calimero, comme Hamlet, a été profondément blessé par l'iniquité. En deçà de sa plainte actuelle, repose une injustice non encore dite, par honte et par pudeur, ou tue depuis qu'elle a été déboutée. Le réquisitoire actuel, difficile à comprendre et à supporter pour l'entourage, n'est que le travestissement grimé et outrancier de pleurs qui n'ont pas été accueillis.

Roland n'est pas devenu un « dur à cuire », râleur et provocateur, par hasard. Sa rudesse plaintive est une sorte de forteresse échafaudée contre la honte et la peur qui l'envahissent face à ses propres sentiments.

> « Quand j'étais jeune, lorsque je pleurais, j'avais honte : je cachais systématiquement mon visage sous mon bras. Depuis que je suis devenu adulte, je ne pleure plus, et je suis devenu assez bête pour considérer les larmes comme une faiblesse. Je suis paradoxal ! »

À moins d'être complètement insensibles, *les individus qui ne pleurent pas et n'expriment pas leurs vrais malheurs peuvent avoir tendance à se lamenter d'injustices présentes sans grande importance, par crainte d'exprimer la ou les injustices passée(s) qu'ils n'ont pas pu faire entendre et dont ils n'ont pas été consolés.*

Par conséquent, une plainte peut jouer le rôle de paravent, escamotant un abus plus important et non résolu, dont il ne semble plus légitime de parler ou qui a été complètement occulté. Les gémissements du prince Hamlet, autant que ses doutes et ses atermoiements, nous renseignent sur la scélératesse fondamentale qu'il tente de faire entendre et reconnaître : l'assassinat de son père par Claudius, qui dérobe au roi son trône et sa femme tout à la fois. On peut difficilement commettre pire improbité ! La scène II du IIIe acte de la tragédie de Shakespeare montre Hamlet jouant dans une pièce de théâtre qu'il a lui-même conçue, pour faire comprendre à Claudius qu'il connaît le meurtre dont il est coupable.

Ainsi sont la plupart des Calimero. Inconsciemment, ils se servent du subterfuge de protestations, discrètes ou appuyées, parfois lancinantes, pour tâcher d'exprimer les blessures d'injustice dont ils ont eu à souffrir et qui ne sont encore ni attestées ni soignées.

Honnête envers elle-même, Masha précise :

« Je ne me souviens pas d'une grande injustice. Je dirais que j'ai pu ressentir de nombreux actes ou prises de décision de mon entourage au quotidien comme des injustices. J'ai souvent eu l'impression que mes parents privilégiaient mon frère et ma sœur. »

Cette *douleur* de se sentir moins favorisé qu'une sœur ou un frère, voire défavorisé par rapport à eux, existe dans toutes les familles, de façon plus ou moins aiguë.

« Comme je suis l'aînée de ma famille, on faisait moins attention à moi et on exigeait plus de moi. Ma petite sœur était chouchoutée (c'est la petite dernière) et ma mère a toujours eu un lien fort avec mon petit frère en raison de sa malformation à la naissance et des opérations douloureuses qu'il a dû subir quand il était tout bébé. Un jour, par exemple, mon frère et ma sœur ont réclamé un chien à mes parents. J'étais opposée à cette idée. Je l'avais fait savoir clairement, car je ne voulais pas avoir à m'en occuper. Mon frère et ma sœur ont juré qu'ils s'occuperaient du chien. Mes parents ont accepté leur demande. Quand le chiot est arrivé à la maison, j'ai rapidement dû m'en occuper, car mon frère et ma sœur ont très vite jugé qu'ils avaient autre chose à faire que de sortir le chien en semaine et que, le week-end, ils avaient bien le droit de faire la grasse matinée. Alors que j'avais beaucoup plus de travail scolaire à accomplir et que je prenais peu de temps pour moi, mes parents m'ont imposé des sorties fréquentes du chien. Dès que j'avais un peu de temps libre ou même quand je n'en avais pas, mais que j'étais occupée à faire mes devoirs à la maison, on exigeait de moi que je sorte le chien. »

Pour Masha, l'injustice est réelle. Elle est d'autant plus patente et difficile à supporter que la jeune fille avait pris les devants en exprimant son désaccord avant même que ses parents ne décident d'avoir un chien. Le récit de cette iniquité lui permet aussi de mettre en évidence d'autres inégalités et d'autres négligences plus fondamentales.

« De manière générale, j'ai toujours trouvé très injuste qu'on ne reconnaisse pas tous les efforts que je faisais pour aider ma mère à la maison. »

Comme dans bien des situations de différentes natures, le père de Masha était-il fondé à traiter sa fille de Calimero ? Sans vouloir aucunement le juger, n'aurait-il pas été plus judicieux et plus aidant de simplement demander à Masha ce qui la faisait tant souffrir ? La question qui se pose pour chacun de nous est celle du *discernement*. Nous l'explorerons tout au long de cet essai, parallèlement aux avancées de notre réflexion, car n'est-il pas injuste de nier l'injustice en dénigrant la personne qui la met en évidence ? N'est-ce pas même redoubler l'injustice que de la dédaigner tout en méprisant celui qui la subit ?

2

QUAND C'EST TROP INJUSTE…

> « Les mots qui vont surgir savent de nous des choses que nous ignorons d'eux. »
>
> René Char, *Lettera amorosa.*

Qu'est-ce que l'injustice ? Si chacun de nous comprend son sens comme une absence, une privation ou une négation de justice, les représentations que nous en avons et les expériences que nous en faisons peuvent varier en fonction des critères, des croyances et des valeurs qui sont les nôtres.

Le *Dictionnaire électronique des synonymes* (DES) de l'université de Caen, élaboré à partir des dictionnaires courants, donne plus de dix synonymes pour injustice : iniquité, partialité, abus, scélératesse, arbitraire, inégalité, favoritisme, improbité, tort, dommage, préjudice, etc. Cette longue liste a l'intérêt de montrer l'ampleur du champ sémantique de ce mot, c'est-à-dire la richesse de son sens, mais surtout de mettre en évidence combien chacun de nous a pu être victime d'une injustice, sous une forme ou une autre. Nous en donnerons bientôt plusieurs exemples.

Le thème de l'injustice est très présent dans la littérature. Nous pensons à Charles Dickens avec *David Copperfield* et *Oliver Twist*, à Charlotte Brontë avec *Jane Eyre*, etc. En langue française, le célèbre roman de Victor Hugo, *Les Misérables*, publié en 1862, mal reçu par la critique qui le jugea « dangereux », « immonde » et « mal écrit », a tout de suite été adopté par le public. Fantine, Cosette, Gavroche et d'autres sont des figures emblématiques de l'injustice subie – la petite Cosette pourrait même être l'icône des personnes écrasées par le poids du malheur, de la méchanceté et des abus –, alors que Jean Valjean et Marius dépensent leur énergie à lutter contre l'iniquité. Émile Zola consacra toute une œuvre, *Les Rougon-Macquart*, cette série de vingt romans écrits entre 1871 et 1893, à décrire et dénoncer nombre d'injustices individuelles et sociales, en même temps que les profondes mutations de la société de son temps. Ses opus les plus connus, *L'Assommoir*, *Germinal* et *La Bête humaine*, montrent à quel point une injustice peut détourner le cours d'une existence, fragiliser une relation, voire briser un être. Avec *Poil de carotte*, Jules Renard publie en 1894 un bref roman sur les malheurs de l'enfance et les injustices d'une mère cruelle, dont l'arbitraire préfigure celle de Folcoche, la mère autoritaire et maltraitante d'Hervé Bazin dans *Vipère au poing* (1948). Dans le même registre, signalons aussi *Michael Kohlhaas* (1810) de l'écrivain allemand Heinrich von Kleist, décrivant l'injustice subie par un adulte ; Arnaud des Pallières en a fait un film en 2013.

Un roman populaire qui traite directement de l'injustice est le fameux *Jacquou le croquant*, écrit par Eugène Le Roy et publié en 1899. Il sera adapté deux fois pour l'écran, d'abord en 1969 sous la forme d'une série télévisée de Stello Lorenzi, ensuite en 2007 pour un film de Laurent Boutonnat avec Gaspard Ulliel dans le rôle-titre.

En 1815, à Combenègre, en Dordogne, les Ferral, Martissou, Marie et leur fils Jacquou, sont métayers du comte de Nansac. Accusé du meurtre du régisseur du château, Martissou est condamné aux galères, où il meurt peu après. Marie et Jacquou quittent Combenègre et trouvent refuge dans une pauvre chaumière perdue dans les bois. Épuisée, Marie meurt rapidement. Seul au monde, Jacquou est orphelin. À 9 ans, affamé, il glane çà et là un peu de travail ou de nourriture. Un jour, à Fanlac, il s'endort au pied du vieux puits sur la place. Bonal, le curé du village, le recueille et commence son éducation. Jacquou grandit, sans oublier les injustices dont sont morts ses parents. Jacquou est amoureux de la belle Lina. Il est charbonnier, avec son ami Jean, et braconne de temps à autre dans les bois du comte. Un soir, il est arrêté par les gardes du comte, qui le fait enfermer dans les oubliettes du château. Croyant Jacquou mort, Lina se jette d'une falaise. Le chevalier de Galibert, ami de Bonal, réussit à obtenir la libération de Jacquou. Le jeune homme rassemble autour de lui tous ceux qui souffrent des abus et de la dureté impitoyable du comte. Un soir, ils incendient le château. Le comte de Nansac est ruiné. Lors du procès, Jacquou est acquitté et libéré.

Ce roman social met en scène une des nombreuses jacqueries qui secouèrent les campagnes françaises. Ces révoltes rassemblaient des paysans luttant contre les injustices qu'ils enduraient et contre les privilèges des nantis. Jacquou incarne le courage et la force de la révolte contre l'inégalité. Les injustices sociales sont extrêmement nombreuses, présentes sous des formes identiques ou différentes d'une période à l'autre. Aujourd'hui, elles concernent certains métiers ou certaines catégories socioprofessionnelles durement éprouvées par la crise économique, les chômeurs de longue durée, les travailleurs intérimaires, les personnes âgées gravement isolées, les personnes sans abri ou sans domicile fixe, les réfugiés politiques entassés dans des camps ou les familles vivant au jour le jour dans des conditions très précaires.

Il serait malhonnête de prétendre que les injustices vécues au niveau individuel ne sont pas liées à celles qui caractérisent les sociétés et leurs systèmes éducatifs, économiques et politiques. Bien au contraire, une société injuste fabrique des familles injustes et des personnes bancales, malheureuses et amères, qui peuvent devenir injustes à leur tour.

Injustice réelle ou sentiment d'injustice ?

Du point de vue psychique, repérer une injustice est d'autant plus complexe qu'il n'est pas forcément évident de discerner nettement une injustice réelle d'un sentiment d'injustice. Dans le premier cas, il est difficile de prouver l'iniquité. D'ailleurs, selon quels critères serait-il possible de le faire ? Dans le second cas, il est complexe de convaincre autrui, puisqu'un tel sentiment repose sur des ressentis très personnels, voire sur des imaginations, des suppositions, des interprétations. Néanmoins, ce décalage éventuel avec la réalité perçue par les autres est aussi ce qui fait tout l'intérêt de notre recherche.

Une revendication d'équité peut être guidée par de nombreuses motivations, plus ou moins conscientes, plus ou moins actuelles, plus ou moins personnelles même. Sans compter que crier à l'injustice peut relever d'une démarche moins sincère. L'objectif peut être d'attirer l'attention sur soi, d'exprimer de façon détournée une insatisfaction de fond, voire de manipuler l'autre et de l'influencer à ses dépens.

De surcroît, pour un être humain, le vécu d'injustice peut concerner autant l'incompréhension, l'exclusion, le rejet, la moquerie, la honte, l'indignité, que les fausses accusations, l'offense, l'humiliation, la trahison, etc. Sans oublier que l'une de ces épreuves psychiques peut réveiller des dommages ou des préjudices anciens dont les blessures ne sont pas encore soignées. Les douleurs du passé viennent alors augmenter et complexifier celles du présent.

Écoutons ce dont témoignent les personnes qui ont répondu à l'enquête. À travers les histoires de Masha, Antoinette, Ulysse, Jessica, Léontine, Joan, Amandine..., nous découvrons les injustices fondamentales qui résident en amont d'une tendance tenace à protester :

— Être, ou avoir été, accusé à tort (Antoinette) ;
— Être humilié (Ulysse) ;
— Ne compter pour rien ou pour personne (Jessica) ;
— Être desservi ou désavantagé (Léontine) ;
— Être repoussé ou rejeté (Joan) ;
— Être considéré comme fou ou malade (Amandine) ;
— Être infantilisé, tenu pour incapable (Masha) ;
— Bien faire sans être reconnu (Béatrice) ;
— Aider sans être remercié (Medhi) ;
— Être utilisé (Ange) ;
— Etc.

Dans la réalité concrète des situations vécues, il est souvent difficile d'identifier les injustices.

Cela peut principalement venir de la variété des critères qui permettent de repérer et de dénoncer une injustice, car ces critères varient d'une famille à l'autre, et plus largement d'un groupe à l'autre, en fonction de ses croyances et de ses valeurs. Curieusement, et plus rarement, cette difficulté peut aussi découler d'une piètre idée de soi-même. Lisa explique :

> « Enfant, je ne me souviens pas d'avoir ressenti de sentiment d'injustice. Je me vivais si minable que je croyais ne rien mériter. Me pensant mal aimée, je sombrais plus dans l'écrasement que dans l'indignation face à l'injustice. »

Néanmoins, en faisant retour sur leur passé, certains perçoivent plus clairement les abus, les inégalités ou le favoritisme dont ils ont souffert.

Les grandes injustices vécues depuis l'enfance

L'arbitraire éducatif semble être un des premiers motifs de grief. Beaucoup parlent de parents ou d'adultes qui ne leur faisaient pas confiance, qui étaient rigides ou sévères sans qu'ils puissent comprendre pourquoi, et qui les réprimandaient pour de mauvaises raisons ou sans explications. Ange évoque des enseignants qui se moquaient de ses mauvaises notes et sanctionnaient durement ses difficultés, sans lui apporter aucune aide.

Élisabeth se souvient de ne pas avoir été assez considérée et écoutée :

> « On ne m'a pas appris à réfléchir. Personne ne m'a aidée à découvrir que je suis une personne pensante. Ma famille m'a considérée comme une petite, sans importance : il y avait tant d'autres choses tellement plus importantes et plus graves. Il aurait fallu que je sache, que je comprenne sans que personne ne prenne la peine de m'informer et de m'expliquer, parce que les choses avaient été expliquées tant de fois aux aînés et aux autres (je suis la septième sur sept enfants). Rien ne m'a été dit de façon explicite à moi. »

Très souvent, aussi, comme pour Masha, les uns et les autres ont souffert de leur place dans la fratrie, se sentant soit négligés, voire oubliés, soit défavorisés par rapport à une sœur ou un frère qui leur semblait être le préféré des parents. La douleur provoquée par le favoritisme, réel ou craint, envers un enfant plutôt qu'un autre, semble d'ailleurs universelle...

Certains, tel Christopher, ont connu une très vive désillusion face à un système judiciaire qui ne les a ni défendus ni protégés. Christopher a subi un inceste. Au cours de son enfance, il a été abusé par sa mère pendant de longs mois. Devenu adolescent, alors qu'il se sentait enfin capable de révéler la tragédie de son enfance et de se faire entendre, sa mère a été innocentée par les juges. Il s'est senti bafoué et trahi.

> « Ne pas être entendu par la justice a été un terrible choc, une horrible désillusion. Ce devait être pour moi l'institution de l'écoute par excellence, celle où la vérité peut triompher. Dans la réalité, au contraire, elle a bafoué la vérité. »

Une fois adultes, de nombreuses femmes comme Lisa ont « énormément souffert du sentiment d'injustice lié au rôle de la femme », qu'elle s'appliquait pourtant à « remplir avec exigence, obstination, méthode et courage ». Il peut être difficile de se libérer du joug de certaines situations, même si elles sont visiblement abusives ou inéquitables.

Dans le domaine professionnel, le caractère arbitraire de certains licenciements peut faire penser à une forme de favoritisme protégeant ceux qui ne sont pas « remerciés ». De même, une personne peut être heurtée par la promotion d'un collègue dont les compétences ne sont pas supérieures aux siennes.

L'iniquité peut enfin concerner des événements tragiques qui bouleversent l'existence. Maria raconte :

> « À la mort de mon père, j'ai été violemment touchée par l'acte injuste de son assassinat. J'ai toujours vu mon père comme l'un de ces Justes

voués à la lutte pour l'égalité. J'ai assimilé sa mort à celle des Justes, qu'ils soient assassinés, enfermés, vilipendés. »

L'injustice en héritage

Certaines personnes se sont rendu compte, un jour, lors d'un événement particulier ou au fil d'une thérapie, qu'elles portaient la tristesse de l'un de leurs parents ou grands-parents, ainsi que le poids des injustices qu'ils avaient subies.

La quête inaboutie d'une génération précédente revient souvent hanter la ou les générations suivantes, comme autant de nouvelles mises en scène des injustices non résolues. Certains descendants se sentent alors investis d'une mission aussi étrange – et étrangère – qu'incompréhensible, pour tenter de libérer leurs ascendants de cette part de l'héritage psychique lié à l'injustice non dite ou non reconnue dans leur histoire ou celle de leurs parents.

La complainte d'Hamlet nous éclaire là encore. Le jeune prince est hanté par le fantôme de son père défunt, qui lui enjoint d'accomplir à sa place la terrible vengeance contre Claudius, son assassin. Hamlet hésite entre accomplir la volonté du père ou mettre en œuvre son propre désir, entre continuer à exister à la place de son père, Hamlet l'ancien, ou vivre sa réelle existence d'Hamlet le jeune.

Les personnages de la tragédie sont agis par l'étrange et l'étranger en eux ou autour d'eux.

Par exemple, pour le prince Hamlet, l'apparition du spectre de son père, qui réclame vengeance, est une illustration symbolique d'un *processus psychique perturbant et énigmatique* dans l'inconscient du fils concernant le secret qui pèse sur son père assassiné. Ainsi, comme l'ont découvert Nicolas Abraham et Maria Torok, un « fantôme », plus précisément le « travail du fantôme dans l'inconscient », manifeste la vie psychique secrète d'un autre[1]. Certaines injustices sont donc dénoncées de manière inattendue lors de plaintes proférées par des descendants médusés, véritables Calimero malgré eux !

Dans tous les cas, faire l'expérience d'une situation qui n'est pas juste fait naître des sentiments plus ou moins perceptibles, parfois limpides, mais souvent confus ou contradictoires.

Émotions et sentiments éprouvés face aux injustices

Avant même la colère, l'indignation ou la révolte, le sentiment éprouvé par toutes les personnes que nous avons interrogées est la *tristesse*. Qu'il s'agisse des injustices à leur égard ou à l'égard d'autrui, elles ont toutes déclaré ressentir une profonde tristesse, tantôt teintée de découragement ou de désillusion, tantôt mêlée

1. Voir N. Abraham, M. Torok (1987) et, plus précisément, « Le fantôme d'Hamlet ou le VIe acte », p. 447-474.

de crainte voire de douleur ou de résignation. Chez les personnes sensibles, l'injustice incite à l'empathie pour autrui. Lorsque cette empathie fait défaut, la souffrance de subir un tort injustifié est redoublée par l'indifférence de ceux qui pourraient être consolateurs.

Ange a eu très fréquemment le « sentiment de ne pas être écouté ». Comme lui, Rosalie s'est souvent retrouvée seule sans pouvoir confier sa peine :

> « Penser à cette solitude me fait immédiatement monter les larmes aux yeux. Je sens mon ventre qui se serre comme sous la crainte des coups : un réflexe protecteur. Ma poitrine se gonfle comme si j'avais soudain besoin de prendre de l'air à pleins poumons. Les larmes coulent sur ma joue. Cette solitude est une croix que j'ai toujours portée. Elle a toujours été là, elle a toujours fait partie de ma vie. Je suis seule depuis tant d'années. Même avec mes conjoints, j'étais seule. [...] La solitude, c'est aussi me dire que je suis seule pour faire tout ce qu'il y a à faire à la maison et pour mes filles. Je n'ai personne sur qui m'appuyer, avec qui partager cette charge. Je pleure à chaudes larmes. Je me souviens que pendant bien longtemps lorsque je pleurais je me retrouvais très vite à devoir consoler ma mère au lieu qu'elle me console. Mon père, lui, était inexistant. Ni l'un ni l'autre ne s'intéressaient vraiment à moi. Je me suis vite rendu compte, enfant, que j'étais en fait complètement seule. Je

me sentais orpheline, dans le sens que j'étais sans guide dans l'apprentissage de la vie. »

De même que Rosalie, Élisabeth avait « la sensation d'être quantité négligeable, d'être inexistante et paradoxalement dérangeante », malgré sa grande discrétion :

« Je ressentais de la colère en plus de la tristesse, et surtout une oppression de plus en plus forte. J'ai dû me résigner. Je me suis effacée peu à peu. Je suis devenue silencieuse, puis je suis tombée malade. »

Christopher aussi s'est résigné. Le *chagrin* est le sentiment le plus fort qu'il dit avoir éprouvé... « Puis la colère, l'incompréhension, et la résignation. » Ange confirme :

« En premier lieu, une tristesse, un grand désarroi. Plus tard, avec les années et les prises de conscience, une grande colère. »

Lisa aussi a ressenti une grande colère. Elle s'est révoltée, mais « pour me détruire moi-même », précise-t-elle aussitôt :

« Longtemps, cette révolte ne fut pas constructive. Elle ne me sortait pas d'un sentiment écrasant d'impuissance. [...] Concernant ma place de femme au foyer et à la ferme, j'ai retrouvé aussi ce sentiment d'impuissance à changer les choses et à obtenir un peu de reconnaissance. »

Au fond, cette impuissance face à l'injustice est ce qui lui confère son caractère *tragique*. Il résulte de l'impression pesante d'une condamnation au malheur, d'une sorte de fatalité malheureuse[1]. Ainsi, l'impuissance est multiple : ne pas pouvoir changer la situation inéquitable ; ne pas parvenir à faire reconnaître le préjudice ; ne pas réussir à exprimer son désarroi.

L'injustice est difficile à exprimer

Souvent, les personnes éprouvées par l'injustice n'arrivent pas à s'exprimer facilement. Le risque d'un repli sur soi est donc considérable, accompagné d'une non-résolution de ce qui fait difficulté. La plainte non entendue est entretenue et même accrue.

« Je crois que j'ai toujours eu peur d'exprimer directement ces injustices, rapporte Masha. Quand je le faisais, c'était sur le mode de la plainte. Je n'arrivais pas à exprimer mes problèmes autrement. Cela pouvait être assez fort, finir en larmes. Je ne pouvais pas contenir mes émotions, c'était plus fort que moi. »

1. Nous reviendrons plus loin sur la tragédie et son lien avec l'injustice ou la plainte.

Comme beaucoup d'enfants qui n'ont pas été entendus, Ange a renoncé à exprimer les injustices vécues, sans pour autant les oublier. Elles sont restées sans résolution et se sont accumulées en lui.

« Enfant, je n'osais pas exprimer les injustices qui me faisaient souffrir. Dans le cas des sanctions injustes, je disais la vérité, et comme on ne m'écoutait pas, j'abandonnais et je me retrouvais seul avec ma frustration. »

Christopher fait le même constat :

« Entouré d'adultes fermés, je ne pouvais pas exprimer ces injustices. Je les gardais pour moi, ou j'en faisais part à ma sœur. »

Rosalie insiste sur le *poids de la solitude* face à l'injustice :

« La solitude, c'est comme tomber dans un trou, en essayant de s'accrocher à quelque chose, mais sans trouver, et continuer à tomber. La solitude, c'est tout garder au-dedans de soi, car on pense qu'il n'y a personne avec qui partager cela, et se rendre malade de tout garder. À force de solitude, on n'est plus habitué à parler de soi. On prend l'habitude de ne plus parler de soi et la solitude en est renforcée car on ne sait plus échanger avec les autres. »

Parler de l'injustice peut sembler plus facile pour un adulte. Cela ne garantit pas d'être compris pour autant, comme le souligne Lisa :

> « Je ne sais pas si je voulais me faire plaindre lorsque je dénonçais auprès de mes amies le poids énorme de ma charge ménagère et paysanne. Je cherchais plus à leur faire saisir les difficultés qui étaient les miennes. Je ne suis jamais arrivée à leur faire prendre conscience qu'ici la vie n'est pas le rêve qu'elles imaginent. Encore aujourd'hui, je n'y parviens pas... »

Parfois, il peut également être difficile de repérer l'injustice. En effet, il arrive qu'un événement douloureux soit entouré d'une sorte de silence protecteur. Une forme de dérobade, d'esquive, est alors inconsciemment ou consciemment choisie, afin de ne pas avoir à identifier trop précisément la nature de la souffrance. Ne pas nommer la source de la douleur, ne pas s'appesantir sur elle permet illusoirement de ne pas ajouter de charge supplémentaire au poids du malheur.

Dans de pareils cas, certains enfants ne peuvent même pas envisager que ce qu'ils ont vécu puisse constituer une injustice. Quand ils parlent de la souffrance de leurs parents ou de leurs proches, c'est pour l'évoquer avec déférence. Cette souffrance-là passe avant la leur, comme si elle était plus noble, plus respectable... À leurs yeux d'enfants, mieux vaut ne pas parler de l'événement tragique. Ils peuvent même en venir à prendre l'initiative de se replier dans le silence, pour ne pas raviver la douleur de leurs parents.

Le plus poignant, en fin de compte, est qu'un enfant prenne sur lui, par amour, de taire sa souffrance pour éviter de redoubler celle de ses parents. D'ailleurs, dans un second temps, ce mutisme qui se veut protecteur peut devenir une habitude néfaste dans la famille. Les parents eux-mêmes se taisent à leur tour pour ménager leurs enfants, dans une spirale de non-dits sans fin... Sophie raconte ainsi ce qui a muré sa mère et la famille de sa mère dans un très profond silence :

> « Le frère de ma mère avait 5 ans, il demeurait avec elle chez leur tante, en Bourgogne, pendant la guerre. Un jour, il s'est approché d'une lampe à pétrole qui a pris feu. Ma mère utilise toujours les mêmes termes pour évoquer cette scène à laquelle elle a assisté : "Il est parti en courant comme une torche vivante, en hurlant." Il a été conduit aux hospices de Beaune, où il est mort dans d'atroces souffrances quelques jours plus tard. Les parents de ma mère sont demeurés inconsolables et ma mère n'avait pas le droit de parler de son frère mort ou plutôt, me dit-elle souvent, elle avait peur de raviver la douleur de ses parents en évoquant sa propre douleur, si bien qu'elle s'est toujours tue. »

Issue d'un milieu très modeste, la mère de Sophie n'a pas eu la chance de pouvoir faire une psychothérapie, elle n'a pu parler de son deuil à quiconque.

> « Quand j'étais enfant, l'unique photo de son frère était taboue : on m'a fait croire très longtemps qu'il s'agissait d'une photo de mon propre frère, qui lui ressemblait, car on cachait encore cette tragédie. Encore aujourd'hui, ma mère ne peut évoquer la perte de son frère sans manifester une angoisse extrême. Elle n'avait pas d'autre frère, ni sœur. Mes grands-parents avaient eu l'idée étrange de baptiser leur fils et leur fille de prénoms quasi identiques, si bien que, selon moi, cette proximité des prénoms a introduit une forme de gémellité qui a dû rendre encore plus crucifiante pour ma mère la disparition de son alter ego. Je regretterai toujours qu'elle n'ait jamais pu parler de tout cela : sa vie a été gâchée par ce silence consécutif au deuil. Je n'ai jamais entendu mes grands-parents évoquer leur fils. »

Les non-dits privent les uns et les autres des informations qui leur permettraient de mieux comprendre les maux dont ils souffrent. Loin de remplir la fonction qu'on leur assigne (protéger l'autre en taisant la raison de sa souffrance), ils ne font qu'aggraver une situation déjà douloureuse. Parfois, rien n'est plus criant que le silence...

Dans le cas évoqué ici, à la tragédie de la mort d'un petit frère vient s'ajouter la douleur littéralement indicible, inénarrable, de ne pouvoir l'évoquer. Ce n'est pas tout : dans cette situation où le silence prédomine, un sentiment d'injustice vient s'adjoindre à la souffrance. En fait, l'enfant qui reste pense que *ses parents lui préfèrent l'enfant défunt*. Comment s'avouer cette impression d'être sacrifié au souvenir d'un être chéri ? Comment admettre, à ses propres yeux, que l'on jalouse l'amour porté à celui qui est parti trop tôt ? Le risque est grand de s'éprouver alors soi-même comme un monstre, rescapé envieux d'une préférence injustement donnée au disparu.

> « Un élément me revient, ajoute Sophie, qui pourrait évoquer un sentiment d'injustice : ma mère a toujours parlé de ses parents avec déférence et amour, *mais* plusieurs fois elle a évoqué ce qui ressemble à l'esquisse d'un ressenti d'injustice. Elle m'a dit que le deuil de son frère avait gâché la seule joie qu'elle se faisait, dans sa triste enfance : sa communion. Elle s'attendait à être fêtée comme une reine, pour une fois, et elle qui est si modeste se réjouissait d'être pour un jour au centre de l'attention. Ses parents, tout à leur deuil, avaient négligé cette cérémonie. Ma mère m'a dit, plusieurs fois : "J'avais l'impression de ne plus compter, depuis que mon frère était mort, l'impression qu'il n'y avait que lui, le garçon, qui comptait." Voyez, c'est tout à fait intéressant : je pense qu'au fond d'elle, elle a toujours eu ce sentiment d'injustice, mais qu'elle ne l'a jamais exprimé explicitement car, précisément, dans cette sorte de loi tacite

familiale, on ne formule aucun jugement négatif, tout le monde étant nécessairement parfait... Ah, comme j'ai souvent rêvé que ces modèles de vertu s'écaillent un peu, que les masques lisses et souriants se fissurent et laissent place à de vrais sentiments, forts, et pas nécessairement irréprochables ! »

Fréquemment, les personnes qui taisent une injustice, qu'elles ont endurée ou dont un de leurs proches n'a pas pu se plaindre, sont sujettes à de forts et fréquents moments de *découragement*. Ce découragement de fond embrume leur existence, déposant sur elles comme un brouillard de lassitude et d'abattement. Les médecins qui diagnostiquent une dépression dans ce cas se trompent lourdement. Non seulement ils manquent leur cible, mais ils donnent à la personne découragée une fausse piste et une piètre idée d'elle-même. Dans de tels cas, la prescription déplacée d'antidépresseurs n'apportera même pas de soulagement, au contraire.

Trop, c'est trop !

Si l'injustice plonge ceux qui la vivent dans la tristesse et l'impuissance, puis – comme fatalement – dans la solitude et le silence, c'est qu'elle constitue un *trop*, une sorte de démesure, difficile à accepter soi-même et quasiment impossible à accueillir pour autrui.

Quel est ce trop ? Signifie-t-il trop d'injustices, des injustices trop fortes, des plaintes trop encombrantes pour l'entourage, qui ne veut pas les entendre ou ne sait comment y répondre ? La démesure de l'iniquité opère au moins à trois niveaux : d'abord, dans l'accumulation silencieuse des dommages subis en attente de nomination ; ensuite, dans l'intensité incontrôlable des émotions débordantes qui leur sont liées ; enfin, dans l'impression d'exagération qui se dégage le plus souvent des protestations qui en découlent.

Une cascade d'injustices

Quand elle devient possible, l'expression de la tristesse ou de la révolte contre l'injustice peut ressembler à une surenchère, du fait même du trop-plein qu'elle laisse se déverser lorsque rompent les digues qui la retenaient depuis si longtemps... Ainsi, après de nombreuses années durant lesquelles elle s'est tue, Béatrice explose enfin et se sent soulagée de pouvoir dire ce qu'elle a sur le cœur :

> « Lorsque j'étais en école de commerce, je trouvais injuste d'avoir dû trimer pendant deux ans en classe préparatoire quand d'autres étudiants de ma promotion s'étaient contentés d'un BTS ou d'un DUT, bien moins difficiles. Pourtant, nous suivions

ensuite le même cursus sans avoir payé le même tribut pour y entrer. Bien sûr, cela peut sembler dérisoire, mais je l'ai tout de même mal vécu... D'autres injustices sont relatives aux écarts de traitement par mes parents entre ma sœur et moi. Par exemple, ma sœur a eu une superbe chaîne hi-fi lorsqu'elle était au collège alors qu'elle redoublait sa 5e. Moi, j'ai dû attendre d'avoir 18 ans et surtout d'avoir économisé assez d'argent pour m'acheter moi-même une petite chaîne hi-fi. »

Béatrice explique qu'elle a souffert aussi du favoritisme de son père envers sa grande sœur. Par exemple, leur père a prêté sa voiture à l'aînée mais pas à Béatrice, alors qu'elle en aurait eu besoin pour aller travailler et que la voiture restait dans le garage, inutilisée. Béatrice rappelle encore d'autres injustices, notamment les oublis de son anniversaire. « Je me rends compte que j'ai beaucoup de colère et de tristesse qui remontent quand j'en parle », conclut-elle.

La goutte d'eau qui fait déborder le vase

Quelquefois, ce n'est pas une plus grande maturité ou une psychothérapie qui aident à exprimer le trop-plein d'émotions face à l'injustice, mais un événement, un incident supplémentaire qui intensifie la douleur et entraîne une révolte impossible à retenir. Élisabeth se remémore ainsi un épisode qui a marqué son enfance.

« Je voyais très rarement mon parrain. Je me souviens qu'un jour il m'a offert une poupée. Il est venu me la donner dans ma chambre, puis il est reparti tout de suite pour aller parler avec les adultes sans parler avec moi. Quand il est sorti, j'ai pris la poupée et je l'ai jetée par la fenêtre. L'objet ne m'intéressait pas. Je voulais de l'attention et passer du temps en sa compagnie, le connaître, être en relation avec lui. »

Ici, la révolte est silencieuse. Elle reste invisible aux yeux de celui ou de ceux qui ont commis l'injustice. Elle n'apporte pas de consolation à la peine endurée. Tout juste peut-elle soulager dans l'instant la personne qui n'en peut plus et voudrait être reconnue, exister un peu plus pour ses proches ou, au moins, être mieux comprise.

La peur de ne pas être crédible

Une autre difficulté réside dans la crainte que ce que l'un considère comme un dommage, un tort ou un préjudice, puisse paraître sans importance pour un autre, ou, pire, exagéré, surfait, voire déplacé. Maria confie :

« Je n'osais pas parler des circonstances de la mort de mon père. Il me semblait raconter une histoire qui ne pouvait pas être crue. Je sentais une indifférence méfiante, comme si j'exagérais pour me faire plaindre. [...] Le caractère extraordinaire de certains événements dérange le monde, à moins que ces événements ne soient relatés par les médias : ils trouvent alors un grand crédit. Moi, toute seule, à 15 ans, je ne savais pas comment expliquer que mon père avait été assassiné pour des raisons politiques, et je me taisais. »

Si certains préfèrent se taire pour éviter d'être tournés en ridicule, d'autres au contraire choisissent d'insister et d'intensifier leurs lamentations, pour donner à leur réquisitoire plus de chances d'être entendu. Cette manœuvre manque souvent son but tant elle risque de lasser, ou même d'exaspérer, ceux à qui elle s'adresse.

Jean-Jacques Rousseau avance une hypothèse qui permettrait de mieux comprendre pourquoi nous pouvons entendre certaines doléances alors que nous en rejetons d'autres, que nous considérons comme des plaintes vaines ou vindicatives. Dans l'*Émile*, au livre IV, Rousseau développe une réflexion sur le fait de plaindre autrui. Il constate par exemple que l'on est capable d'éprouver de la compassion lorsque tout va bien pour soi, mais que la souffrance rend impossible la plainte pour autrui : « Quand on a souffert, ou qu'on craint de souffrir, on plaint ceux qui souffrent ; mais tandis qu'on souffre, on ne plaint que soi. » Il explique encore que nous ne pouvons éprouver de la compassion que pour les maux qui nous ont fait souffrir nous-mêmes : « Pourquoi les rois sont-ils sans pitié pour leurs sujets ? C'est qu'ils comptent de n'être jamais hommes. Pourquoi les riches sont-ils si durs pour les pauvres ? C'est qu'ils n'ont pas peur de le devenir. Pourquoi la noblesse a-t-elle un si grand mépris pour le peuple ? C'est qu'un noble ne sera jamais roturier. »

Aussi, réciproquement, afin d'éviter d'être mal compris ou rabroués, pouvons-nous préférer ne pas être plaints, donc ne pas nous plaindre, comme Verlaine, dans ses *Romances sans paroles* (1874) :

« Aussi bien pourquoi me mettrais-je à geindre ?
Vous ne m'aimiez pas, l'affaire est conclue,
Et, ne voulant pas qu'on ose me plaindre,
Je souffrirai d'une âme résolue. »

Quoi qu'il en soit, si nous nous sentons éprouvés par le fardeau des injustices, nous pouvons nous offrir un beau cahier pour noter, chaque fois qu'elles se présentent, les situations qui nous font souffrir. Cette expérience est très utile, tant pour mieux cerner l'origine du sentiment d'injustice que pour identifier nos modes de réaction, en fonction des événements et, surtout, de la spécificité de notre sensibilité.

Rappelons-nous que le sentiment d'injustice dépend de ce que chacun considère comme une injustice, sans que nous puissions juger si les critères de l'un sont meilleurs que ceux d'un autre. Cette appréciation est subjective. Le *carnet des injustices* peut aussi aider à répondre à certaines questions. Par exemple : Quelles sont les injustices qui me font le plus souffrir ou que je supporte le moins ? Quels sont mes ressentis précis ? Quels sont les effets sur moi de ce que je tiens pour une injustice ? Comment je la vis ? Est-ce que je peux l'exprimer ? Si oui, comment ? Etc.

Lisa, Béatrice, Ange, Maria, Christopher, Élisabeth, Rosalie, comme tant d'autres, ne sont pas des personnes qui se plaignent facilement. Sauf exception, elles n'ont pas l'impression d'utiliser leur chagrin pour attirer l'attention sur elles ou pour chercher à se faire plaindre. Pourtant, elles ont pu être traitées de Calimero ou de Cosette. Pour mieux comprendre ce qui se joue, nous allons donc prendre le temps d'explorer les formes que peut revêtir la plainte, ses motivations aussi, puis ses éventuelles dérives.

3

SE PLAINDRE, À TORT ET À RAISON

« Pourquoi le champ de la blessure
est-il, de tous, le plus prospère ? »
René Char, *Lettera amorosa.*

Il arrive que nous puissions penser que le sort s'acharne contre telle personne, ou même contre nous, ou encore que nous entendions un proche le supposer ou l'affirmer. Dans de telles circonstances, certains diront qu'ils n'ont pas de chance, alors que d'autres maudiront telles circonstances ou incrimineront telles personnes, et que d'autres encore se tiendront pour responsables, voire coupables, de tout ce qui leur arrive. Certes, selon ces croyances, les postures et les discours ne sont pas les mêmes, mais le malaise de fond est proche. Il concerne les injustices vécues, surtout celles qui n'ont pas pu être exprimées, autant que celles qui n'ont pas été entendues ou reconnues.

Lorsque l'iniquité n'est pas directement perçue comme telle ou lorsqu'elle est niée, par soi-même ou par d'autres, la personne qui l'a subie peut devenir amère et désenchantée. Si les désillusions se répètent, elle peut perdre son élan de vie et sentir grandir en elle un fond de mélancolie inexplicable. Soraya, serviable et dévouée, constate qu'elle est souvent attristée sans raison apparente. Elle découvrira peu à peu à quel point les injustices dont elle a souffert dans son enfance pèsent encore sur elle aujourd'hui.

D'autres, rabroués par un entourage peu amène lorsqu'ils s'exprimaient, ont développé des désordres somatiques qui échappent à l'entendement des médecins. Clément souffre ainsi d'une sciatique depuis des années ; Constance a des infections urinaires à répétition ; Ulysse connaît de violentes douleurs au ventre...

Enfin, plus rarement, des individus rejetés lorsqu'ils ont mis en évidence une improbité se suicident ou se laissent complètement aller, la résignation s'accompagnant pour eux d'une lente et dégradante descente aux enfers. Honoré de Balzac en donne une illustration saisissante dans *Le Colonel Chabert*[1].

> À Paris, en 1817, un vieil homme, vêtu à l'ancienne, se rend à la charge de maître Derville et insiste pour rencontrer l'avoué. Il prétend être le colonel Chabert, mort à la bataille d'Eylau. Enfant

1. Publié en 1844, ce récit existait déjà dans une première version de 1832 intitulée *La Transaction*. Il a été adapté de nombreuses fois à l'écran, notamment en 1994 par Yves Angelo.

trouvé, Hyacinthe Chabert est devenu colonel dans la Garde impériale pendant l'expédition napoléonienne en Égypte. À son retour, il a épousé Rose Chapotel, une prostituée, et s'est installé à Paris dans un hôtel particulier très fastueux. En 1807, lors de la bataille d'Eylau, Chabert est blessé. Gisant parmi les soldats exsangues, il est tenu pour mort. Pourtant, dans la fosse commune, sous les cadavres, il est resté vivant... Lorsqu'il revient à Paris, il découvre que Rose est remariée au comte Ferraud, un homme très ambitieux dont elle a deux enfants. Elle dispose de la fortune du colonel. Elle s'est gardée de répondre à ses lettres. Lorsqu'elle apprend qu'il est vivant, elle refuse de le reconnaître et l'accuse d'être un imposteur. Maître Derville accepte de défendre les droits du colonel Chabert, qui souhaite légitimement retrouver ses biens, au moins pour partie, et renouer avec sa femme, si elle accepte. Stratège rouée et arriviste, cette dernière le fait patienter pour gagner du temps mais ne lâche rien. Usé et sans illusions, Chabert renonce à toute transaction. Seul, âgé et désargenté, il se réfugie à l'hospice de Bicêtre, où il devient « l'anonyme numéro 164, septième salle ». Quelques années après, venu rendre visite à Chabert devenu méconnaissable à cause de la misère, Derville s'écrie : « Quelle destinée. Sorti de l'hospice des enfants trouvés, il revient mourir à l'hospice de la vieillesse. » L'avoué préfère quitter Paris, dégoûté par les injustices auxquelles est confronté l'homme de loi.

Les injustices vécues par Chabert sont nombreuses, Derville en est le témoin médusé. Tous deux sont impuissants face au pouvoir du mensonge, de l'absence de scrupule, de l'intrigue et des appuis politiques. Confronté à l'improbité, surtout lorsqu'elle se répète et s'accentue, l'être humain se sent douloureusement réduit à *l'impuissance*, ce qui redouble la violence de son sentiment d'injustice.

Nous y reviendrons plus tard, plus précisément, en évoquant en particulier les cas où l'impuissance est renforcée par l'abandon. Pour l'heure, explorons en quoi la plainte serait l'une des voies majeures pour faire entendre l'injustice et la voir validée, au moins par quelques autres...

La plainte comme action

Le *Dictionnaire électronique des synonymes* répertorie une dizaine de synonymes pour le terme « plainte » : jérémiade, récrimination, lamentation, gémissement, doléance, complainte, protestation, grief, réquisitoire, réclamation, pleur, etc. Le plus intéressant nous semble, comme souvent d'ailleurs, de partir de l'étymologie. Elle souligne ici la force de la plainte et contredit la connotation péjorative qui lui est parfois associée. En effet, « plainte » vient du verbe « plaindre », qui évoque une action physique. En latin, *plangere* signifie « frapper », comme le rappelle le dictionnaire

Trésor de la langue française, d'où « se frapper la poitrine en signe de douleur, d'exaltation », « se livrer aux transports de la douleur, se lamenter, pleurer quelqu'un, quelque chose ». La violence agie du geste accompagne la violence morale subie. Le geste peut accompagner la plainte sur soi-même comme la plainte pour autrui... La plainte serait-elle une sorte d'exutoire physique d'une souffrance morale insoutenable si elle est inhibée, tue, cachée à autrui par pudeur, par décence, voire par orgueil ?

Très proche de la plainte se trouve la complainte. « Complaindre » signifie étymologiquement « plaindre avec », et l'on utilisait même naguère le verbe pronominal « se complaindre » pour évoquer la plainte... de soi-même. Nous verrons que lorsque personne n'est enclin à nous plaindre, nous avons tous plus ou moins recours à l'apitoiement sur soi-même ou à la sollicitude envers soi-même. Par ailleurs, la plainte a souvent été associée à la musique et à la poésie, dans le genre de la complainte. Voilà qui évoque le caractère lyrique et très personnel de l'expression de la douleur. Il semble révélateur que la complainte ait pu être célébrée, en d'autres temps, comme genre littéraire et musical. L'expression de la douleur avait alors droit de cité, et même pouvait susciter l'intérêt. Probablement accepterait-on beaucoup moins, de nos jours, ce type de chant ou de poème, sauf dans le domaine amoureux, où la « complainte du mal-aimé » se porte plutôt bien[1] !

L'amour est inlassablement au centre de nos préoccupations humaines. Le poète Jules Laforgue a écrit un recueil intitulé *Les Complaintes*, dont il précise très clairement le projet : « Et toujours, mon cœur, ayant ainsi déclamé / En revient à sa complainte : aimer, être aimé[2] ! »

Si, en musique et en poésie, la complainte est un chant plaintif, une lamentation ou une série de lamentations, c'est qu'elle joue ce rôle central de la plainte, qui cherche à se faire entendre et dont la fonction sociale est avant tout d'attester de la douleur d'une injustice.

« Le seul bruit sensible, hors des murailles de Jérusalem, était la complainte monotone des femmes turques qui pleuraient leurs morts », observe Lamartine[3]. Nous savons bien à quel point la mort, surtout si elle est inopinée ou si elle concerne une personne jeune, peut nous paraître désespérément injuste, parce que imméritée et irréparable, autant que tragique parce que irrémédiable. Les proches des nombreuses victimes des attentats terroristes de ces dernières années expriment ce profond sentiment d'injustice face à l'abomination arbitraire de la barbarie.

1. Dans sa célèbre *Chanson du mal-aimé*, Apollinaire ne fait-il pas entendre... la « complainte de [s]es années » ?
2. J. Laforgue (1885), « Litanies de mon Sacré-Cœur », p. 187.
3. A. de Lamartine (1835), tome I, p. 431.

Les lamentations de la pleureuse antique

Ce qu'on appelle « myriologue » désigne le chant de deuil des femmes grecques sur le corps de leurs proches. Il s'agit là de manifestations poétiques de la douleur d'une épouse, d'une sœur ou d'une mère, en présence des restes d'un époux, d'un frère ou d'un fils. De cette réalité de l'Antiquité nous conservons des traces littéraires. Le chant XXIV de l'*Iliade* d'Homère en est une. Priam a rapporté le cadavre d'Hector, placé sur un lit dans l'intérieur du palais. Des chanteurs conduisent le chant funèbre et les femmes, en gémissant, leur répondent. La veuve d'Hector, puis la mère d'Hector, puis sa belle-sœur, font entendre leurs plaintes, auxquelles répondent les plaintes d'accompagnement des femmes présentes et les chants funéraires des officiants.

> « Quand Priam et le héraut sont dans le palais, ils déposent Hector sur un lit funèbre entouré de chanteurs qui entonnent des hymnes de deuil. Tandis qu'ils font entendre ces chants lugubres, les femmes y répondent par de tristes lamentations. Andromaque, en tenant dans ses mains la tête du valeureux Hector, commence les gémissements en disant : "Cher époux, tu es mort à la fleur de ton âge, et tu me laisses veuve dans ton palais ! [...]" Ainsi gémit Andromaque, et ses femmes pleurent autour d'elle. »

Il est intéressant de noter comment, dans une époque qui impose des discours « politiquement et socialement corrects », malgré l'immense violence dont nous sommes bien souvent assaillis, la possibilité d'exprimer sa douleur est notablement réduite par les volontés des uns d'en étouffer la plainte ou des autres de « positiver » à tout instant.

Le récit mortuaire se poursuit :

> « Alors Hécube se lamente en disant : "Hector, toi le plus aimé de mes enfants, tu étais chéri par les dieux pendant ta vie, et maintenant tu n'es plus [...]." Hécube, par ces paroles entrecoupées de sanglots, fait répandre des larmes à tous ceux qui l'entourent. Alors Hélène s'avance et s'écrie en pleurant : "Ô Hector, de tous les frères de mon époux tu étais celui que j'aimais le plus [...]." En prononçant ces paroles, Hélène verse des torrents de larmes, et tout le peuple redouble ses gémissements. »

Qui pourrait s'abandonner à de telles lamentations aujourd'hui, avec une telle ardeur et d'une façon si démonstrative, sans être aussitôt accusé de sensiblerie, de pathos ou de complaisance larmoyante ? L'époque était alors aussi favorable au long temps nécessaire au deuil, consacré à l'expression soutenue de l'affliction, qu'à l'empathie partagée avec d'autres, y compris avec le groupe élargi. On trouve des scènes équivalentes chez les tragiques grecs, par exemple les cris déchirants du premier chœur dans les *Suppliantes* d'Euripide, qui sont une invocation à partager sa douleur avec les autres et à unir ses souffrances en un chant funèbre.

Lorsque les gémissements et les lamentations sont favorisés, et même encouragés, ils jouent le rôle d'un important soutien communautaire aux personnes éplorées. Cette fonction sociale existe encore dans bien des cultures et de nombreuses contrées. Une autre source littéraire qui en fait largement mention est la Bible hébraïque, la Torah, notamment à travers les récits des malheurs de Jérémie et de Job.

À l'origine des jérémiades

En 587 avant Jésus-Christ, Nabuchodonosor, roi de Babylone, dévaste Jérusalem, détruit le Temple et emmène ses habitants en exil. Le prophète Jérémie fait entendre sa plainte devant le malheur de son peuple. La Bible en a conservé les cinq *Lamentations* exprimant la stupeur et la peine du poète prophète. La première s'ouvre sur ces mots : « Hélas ! La voici abandonnée, cette ville autrefois si peuplée ! »

De nouveau, l'injustice a partie liée avec l'abandon. Il est intéressant de noter que Jérémie, comme Job, ne se contente pas de se plaindre. L'un et l'autre n'hésitent pas à incriminer Dieu, à s'en prendre à lui des malheurs qu'il leur inflige.

Voilà un bel exemple de la plainte comme activité, comme action menée face à l'adversité pour ne pas s'effondrer. Même dans la plainte, ils ne s'abandonnent pas au désespoir. Ils gardent confiance.

Chez Jérémie, comme chez Job, la violence trouve sa place dans l'expression du regret d'être né. C'est là un point central, commun à toutes les grandes plaintes tragiques : elles s'accompagnent de malédictions portées sur la naissance ou de regrets la concernant. Dans le premier discours de Job à ses amis, il s'écrie : « Périsse le jour où je fus enfanté, et la nuit qui a dit : "Un homme a été conçu !" » (Job III, 3). Jérémie, quant à lui, s'exclame : « Maudit le jour où je suis né, maudit l'homme qui annonça à mon père : "Un fils t'est né !" » (Jér. XX, 14-15).

Chez Job, même plainte et même cri d'incompréhension que chez Jérémie, après que Dieu lui a infligé toute une série d'épreuves. Il a tout perdu, ses enfants et ses biens, il est atteint d'une maladie de peau et même sa femme lui donne comme seul conseil de maudire Dieu et de mourir. Job transforme la plainte en révolte et en défi.

La déréliction comme plainte fondamentale

La déréliction, du latin *derelictio*, « abandon », désigne un sentiment d'abandon absolu, qui s'applique plus particulièrement à l'impression de solitude spirituelle. On peut se demander à juste titre si le dernier cri du Christ, *lama sabachthani*, « mon Père, pourquoi m'as-tu abandonné ? », est une plainte, une protestation, ou une interrogation. On trouve la plainte chez Matthieu (XXVII, 46) : « Jésus s'écria d'une voix forte : *Eli, Eli, lama sabachthani*, c'est-à-dire : Mon Dieu, mon Dieu, pourquoi m'as-tu abandonné ? » ainsi que chez Marc (XV, 34).

Comme dans la plainte tragique ou dans les lamentations bibliques, nous retrouvons la force révoltée de l'invocation, qui fait de tous les plaignants des êtres agissants, loin des stéréotypes d'inertie ou de laisser-aller qui leur sont assignés le plus souvent.

Quelle suspicion ou quelles résistances pousseraient certains à vouloir censurer les pleurs et les doléances ? Gustave Flaubert, dans l'une de ses lettres, pose la censure comme l'un des pires crimes. Elle peut effectivement faire partie des plus graves préjudices, surtout lorsqu'elle vient faire taire les réquisitoires légitimes contre des abus ou autres torts subis.

Le cri tragique ou le regret d'être né

Alors que la protestation énergique du petit Calimero est légère, malgré sa force de conviction, la plainte tragique est grave car elle quitte le registre des doléances ordinaires pour une réflexion plus solennelle, touchant à des questions en lien avec la destinée, que les Anciens appelaient le *fatum*, d'un verbe latin qui signifie « dire, prédire ». Chacun est amené à réfléchir au sens à donner aux affres dans lesquelles il se débat, si celles-ci sont prédites : destin injuste ? implacable fatalité ? Est-il pourtant nécessaire de chercher un sens au malheur ? La plainte n'est plus alors récrimination contre un destin prédéterminé, mais cri de colère contre un acharnement littéralement in-sensé, qui n'a ni raison ni signification.

Si les déboires du quotidien nous rapprochent du petit poussin indigné, les temps troublés et violents que nous vivons ne peuvent que nous mettre également en résonance avec une dimension tragique fondamentale.

Dans la conclusion de son livre sur Tibère, *Ecce Tiberius*, Marie-France de Palacio revient sur le cri tragique fondamental comme regret d'être né. Le XXe siècle et le début du XXIe siècle sont malheureusement riches en effroyables tragédies. L'auteure pointe avec justesse qu'une tragédie de l'histoire personnelle ou familiale rappelle *toutes* les tragédies de la grande histoire de l'humanité. Peut-être chaque injustice vient-elle réveiller la douleur des injustices passées au point de faire grandir un désespoir tel que, pour tout un chacun, le seul souhait envisageable pour s'en extraire serait de ne pas être né : « Vraiment, le destin du monde est tragique ! Sophocle ne fait-il pas éclater cette puissante plainte du chœur, dans *Œdipe à Colone* :

il n'y a pas de plus grand souhait à formuler, que de ne jamais être né ! [...] Nietzsche rappelle, dans *Humain, trop humain* (§ 141), le paradoxe de Calderon : "Le plus grand crime de l'homme est d'être né", et, surtout, dans *La Naissance de la tragédie* (1872), avait proclamé par la voix du vieux Silène s'adressant à Midas : "Ce que tu dois préférer à tout, c'est pour toi l'impossible : c'est de n'être pas né, de ne pas être, d'être néant." On retrouve bien ici les relations entre pensée du néant et tragique[1]. »

Vouloir mourir ne suffit pas, car cela n'effacerait pas l'*injure* commise, qui est irrévocable : seul l'anéantissement, par le fait de ne pas être né, pourrait en faire disparaître l'ignominie. Au passage, il est intéressant de constater que le mot « injure » a pour racine le terme latin *injuria*, qui signifie « injustice », « tort » ou « dommage ».

La plainte, preuve de sensibilité

De Diderot et Rousseau à Proust, la capacité à exprimer son affliction ou sa détresse est le signe évident de sa sensibilité. Partout en Europe, les écrivains, poètes et musiciens romantiques en ont fait leur credo. Parmi eux, François-René de Chateaubriand apporte un éclairage intéressant en rapprochant la plainte du doute, du désir et même de la timidité.

1. M.-F. de Palacio (2006), p. 213-214.

« Ne serait-ce point que les âmes tendres et tristes sont naturellement portées à se plaindre, à désirer, à douter, à exprimer avec une sorte de timidité, et que la plainte, le désir, le doute et la timidité sont des privations de quelque chose ? »

Il met également en valeur la capacité à percevoir les souffrances des autres. En effet, ne pas ignorer les maux qui touchent autrui est le signe patent d'une vraie sensibilité. Chateaubriand donne dans la suite du texte une belle leçon d'éducation humaniste en insistant sur l'importance, pour l'expression sensible, de ce qui peut sembler « négatif ».

« Enfin, les images favorites des poètes enclins à la rêverie sont presque toutes empruntées d'objets négatifs, tels que le silence des nuits, l'ombre des bois, la solitude des montagnes, la paix des tombeaux, qui ne sont que l'absence du bruit, de la lumière, des hommes et des inquiétudes de la vie[1]. »

Son humanisme rejoint la plainte tragique, comme en témoigne ce passage très touchant après la mort de sa mère, sur la désolation consécutive à la mort des proches.

« "Ne te parlerai-je plus ? Jamais n'entendrai-je tes paroles ? Jamais, frère plus aimable que la vie,

1. F.-R. de Chateaubriand (1803).

ne te verrai-je ? Ah ! Toujours je t'aimerai !" Je viens de quitter un ami, je vais quitter une mère : il faut toujours répéter les vers que Catulle adressait à son frère. Dans notre vallée de larmes, il est je ne sais quelle plainte éternelle, qui fait le fond ou la note dominante des lamentations humaines ; on l'entend sans cesse, et elle continuerait quand toutes les douleurs créées viendraient à se taire[1]. »

Cette profonde observation de l'âme humaine, chez Chateaubriand, résume au mieux la nécessité de la plainte, mais aussi sa vocation à exprimer les subtilités de la sensibilité. Chateaubriand met également en valeur son caractère universel, et sa capacité à servir d'exutoire irremplaçable dans l'histoire de l'humanité.

Les « jamais » et « toujours » traduisent la découverte tragique, a contrario, de la fugacité du temps humain. La plainte qui accompagne cette révélation, ou plutôt ce rappel d'une vérité tellement cruelle que chacun passe sa vie à tenter de l'occulter, est elle aussi associée à un temps transcendant la finitude humaine. La plainte « éternelle », selon Chateaubriand, venue du fond des âges et ininterrompue, que l'homme ne peut chercher à éviter, fait la spécificité – touchante ou contrariante – de son humaine condition...

1. F.-R. de Chateaubriand (1848), tome I.

Les facettes de la plainte contemporaine

Souvent confondue avec le fait de « râler », ou de maugréer contre les déconvenues de l'existence et surtout de grogner pour faire entendre haut et fort son *insatisfaction*, la plainte, aujourd'hui, peut avoir un caractère lancinant, épuisant pour l'entourage, du fait de la répétition des mêmes reproches ou réprobations contre une société qui – décidément – va mal. Le grand risque est tout de même de faire passer un mécontentement persistant pour de l'indignation, la mauvaise humeur pour de la conviction et, plus encore, l'insatisfaction pour de l'injustice.

Il est d'ailleurs frappant de constater à quel point, depuis une ou deux décennies, le mot *frustration* est devenu fréquent, comme si la société consumériste à laquelle nous participons nous rendait impérieux, voire capricieux, ne supportant plus le moindre manque, le moindre délai dans l'obtention prétendument due de notre jouissance.

La plainte pour un oui ou pour un non, souvent pour peu de chose, présente un puissant effet d'entraînement, qui servirait presque de justification aux comportements infantiles qui la caractérisent. Une telle systématisation de la plainte pourrait faire réellement sourire si, au moins, ceux qui s'en emparaient pour dire leurs malaises faisaient appel à un peu d'humour et de dérision bienveillante envers eux-mêmes. À son père, qui lui a fait remarquer qu'il se plaint beaucoup depuis quelque temps, un jeune étudiant répond : « À la fac, tout le monde se plaint tout le temps. Dans le bus, après les cours, c'est encore pire. Pendant une demi-heure, j'entends les plaintes de tout le monde. Cela ne m'aide pas à m'arrêter de me plaindre. » Pris dans la masse insatisfaite, l'individu pourrait-il n'être qu'insatisfait ?

En dehors des injustices réelles, il existe effectivement tant d'occasions de se plaindre : des attentes déçues, des efforts non récompensés, de véritables détresses morales ou souffrances physiques, un spleen qui s'installe, les épreuves de la vie, y compris la maladie et le vieillissement, la lassitude ou l'épuisement, les aléas de l'existence, les accumulations de difficultés, etc.

Différentes plaintes

À partir des témoignages recueillis lors de l'enquête et de l'écoute des patients en psychanalyse, j'ai pu repérer plusieurs formes de plaintes, sur lesquelles nous reviendrons au cours des prochains chapitres :

— *Regarde-moi !* sert à se mettre en valeur et à attirer l'attention.

— *Allez, plains-moi !* permet de forcer la commisération des autres, vite taxés d'ingratitude s'ils ne montrent pas assez d'empressement et de compassion.

— *Mon cinéma personnel*, ou mon cinéma familial, vise à mettre en scène une problématique sous-jacente, un malaise hérité de ses parents ou le modèle relationnel prégnant dans sa famille.

— *J'ai peur, attention danger !* résume des gémissements incompréhensibles, voire insupportables pour l'entourage, car ni les uns ni les autres n'ont consciemment accès aux informations (traumatisme personnel ou mémoire généalogique) qui permettraient de connaître les véritables raisons de ces alarmes.

— *J'ai mal, entends ma douleur !* correspond à une insistance dans la lamentation : celle-ci n'étant pas facilement accueillie de bonne grâce, certains sujets tentent de mieux se faire entendre en appuyant, parfois trop...

Ces différentes variantes de la plainte peuvent laisser perplexe, d'autant que, dans de nombreux cas, la protestation apparente ne correspond pas aux vraies doléances profondes, motivant malgré elles un réquisitoire incessant qui, souvent, lasse l'entourage. Ainsi, Béatrice est très critique envers les hommes. « Je les trouve lâches, faibles, égoïstes, intéressés, calculateurs, égocentrés, imbus d'eux-mêmes, bestiaux, irresponsables, jouisseurs, incapables de reconnaître leurs erreurs et de se remettre en question... » Elle dit n'avoir vécu que des déceptions et s'en plaint fréquemment, sans pouvoir reconnaître encore de quelles injustices profondes elle se plaint en réalité.

Dans d'autres situations, les lamentations sont fréquentes car elles tentent de manifester un trop-plein d'injustices non exprimées ou non reconnues, comme nous l'avons mentionné précédemment. C'est le cas de Joan, par exemple. Joan vit seule depuis qu'elle est adulte. En dehors de son travail comme directrice financière, fonction qu'elle exerce avec un zèle impeccable, elle ne cesse de gémir et de pleurer sur son sort. Elle n'a qu'une seule amie, d'une patience exemplaire, s'entend peu avec ses frères qu'elle voit rarement, n'a pas été en relation amoureuse avec un homme plus de quelques jours. Depuis plusieurs années, elle est atteinte d'une sclérose en plaques. Elle regrette de n'avoir pas d'enfant, pas de vie de famille, de ne pas réussir à partir loin de chez elle à cause d'une angoisse irrépressible qui l'étreint douloureusement. Elle n'a pas pu dire adieu à son père avant sa mort et ne peut voir sa mère sans se mettre en colère. Lors des premières séances, le discours ininterrompu de Joan est difficilement soutenable tant il se présente comme une litanie de malheurs.

Pour d'autres, les injustices se sont également accumulées sans possibilité apparente de les faire cesser et de les dénoncer, comme pour Jessica qui vivait dans un système familial de type « Tu as tout le temps tort ». Quoi qu'elle dît ou fît, ses parents, relayés par ses frères et sœurs, s'ingéniaient à lui faire honte et à la rendre coupable de tout ce qui n'allait pas, selon la politique bien rodée de désignation d'un bouc émissaire.

À la douleur s'ajoute parfois la terreur, lorsque la souffrance est instrumentalisée.

La scélératesse ou l'injustice redoublée

Au fond, « le scandale est de faire tomber une personne qui trébuche », rappelle un collègue psychiatre. Nous avons pu constater combien un tort peut facilement être tu ou censuré ou nié et combien cette façon de le tenir pour rien amplifie l'injure qui est faite et la blessure qui en résulte. *Injury*, en anglais, ne signifie-t-il pas « blessure » ?

Laurence est abasourdie. Le lycée l'a appelée le matin pour lui faire savoir que son fils de 17 ans, sous pression juste avant l'écrit du baccalauréat, a eu une crise de tétanie durant un cours. Laurence était très inquiète pour son enfant qu'elle est allée rejoindre le plus vite possible à l'hôpital. Quelle n'a pas été sa stupéfaction, le soir, en rentrant du travail, d'apprendre qu'une élève de la même classe que son fils l'avait filmé durant sa crise de tétanie jusqu'à l'arrivée des pompiers, puis avait immédiatement posté la vidéo sur Instagram avec le commentaire : « Pourvu qu'il crève, ça nous permettra de manquer des cours. » Laurence ne sait plus quoi penser du monde dans lequel grandit son fils. Quelle violence et quel manque de respect ! Cela lui rappelle, toutes proportions gardées, la vidéo de la tuerie du vendredi 13 novembre 2015 au soir, rue de Charonne à Paris, vendue à des journalistes pour la somme de 50 000 euros... Laurence est éberluée. L'injustice la révolte. Quelques jours plus tard, le fils de Laurence est de nouveau attaqué par la même « jeune personne de bonne famille » de son lycée très huppé. Cette fille de milliardaire, se croyant protégée par la fortune de son père, a publié sur un réseau social la photo de la jeune femme afghane mutilée, dont le nez a été coupé pour la punir de sa désobéissance à son clan, avec le commentaire : « Ce trou ressemble au vagin de N. [le prénom de la petite amie du fils de Laurence], mais au moins il est propre » [*sic*]! Laurence est effondrée. En racontant cela, elle est prise de forts vertiges. Elle s'inquiète pour l'avenir des jeunes, qui peinent à trouver de vrais repères humains dans un monde perturbé par une nette recrudescence de la violence[1].

Cette situation d'abus grave et de malhonnêteté, conjugués à l'appât de la notoriété ou du gain faciles, évoque le film magistral de Stanley Kubrick, *Eyes Wide Shut*, sorti en 1998, dans lequel une société secrète de New-Yorkais, aussi dépravés que puissants et fortunés, est prête à mettre à mort, pour la seule jouissance de se croire au-dessus des lois, un simple citoyen qui

1. De nombreux scandales ont éclaté ces dernières années, montrant à quel point certaines personnes qui se disent ou se croient « puissantes » s'imaginent pourvoir abuser des autres et défier les lois.

a découvert leur lieu de débauche et les rituels grandiloquents qui théâtralisent leurs cérémonies orgiaques[1].

Aussi pouvons-nous constater qu'il est possible de tirer profit de situations pénibles pour autrui. L'empathie et la considération ne sont pas aussi partagées que nous le voudrions. Non seulement l'injustice peut être malaisée à exprimer et éventuellement difficile à entendre, mais il n'est pas rare qu'elle conduise à de nouvelles humiliations. De ce fait, il n'est pas étonnant que certaines personnes puissent hésiter à se plaindre ou prennent certaines précautions pour le faire.

---

1. Ce film est tiré d'une fiction de l'écrivain viennois Arthur Schnitzler, *Traumnovelle*, la « nouvelle du rêve », ou « nouvelle rêvée », publiée en 1929.

4

DIRE OU NE PAS DIRE

> « J'emploie les mots que tu m'as appris. S'ils ne veulent plus rien dire, apprends-m'en d'autres. Ou laisse-moi me taire. »
>
> Samuel Beckett, *Fin de partie*.

Quel est le juste dosage de la plainte ? Correspondrait-il à un savant équilibre entre dire ce que l'autre peut entendre et garder pour soi ce qui le perturberait trop ? Comment repérer la teneur de ce qui est dicible et la limite avec ce qui ne l'est plus ? Ces repères dépendent-ils de celui à qui l'on s'adresse, du groupe social auquel on appartient, ou sont-ils plutôt liés à sa propre pudeur, sa gêne et ses valeurs ? La morale de l'époque, les convenances sociales et les préjugés, au sens propre d'automatismes de jugement, jouent un rôle important dans cet arbitrage. Par exemple, Aziz déclare : « Se plaindre un peu soulage et fait du bien ; se plaindre trop, c'est cracher dans la soupe. » David, quant à lui, valorise la révolte contre l'injustice, alors que tout le reste n'est pour lui que « plainte » et « position de victime ». Il est même devenu assez fréquent d'entendre utiliser une expression péjorative, « se victimiser », néologisme signifiant « jouer les victimes ». Ce reproche, qui a presque la violence d'une invective, surpasse en négativité la désignation méprisante d'être un Calimero.

La plainte était bienvenue de l'Antiquité à la fin de l'époque romantique[1], elle ne l'est plus. Ce durcissement est-il lié aux catastrophes qui ont secoué nos sociétés depuis la Première Guerre mondiale, aux idéaux faussement virils des « hommes machines » du taylorisme, des différents fascismes et des nombreuses dictatures, ou à la déshumanisation progressive du travail et des liens sociaux provoquée par la mondialisation des marchés ?

En l'absence de réponse précise, nous pouvons supposer que toutes ces raisons sont aussi effectives qu'entremêlées, et qu'elles sont complexifiées par des données propres aux familles et aux individus concernés. Ce ne sont pas les études statistiques qui nous renseigneront plus avant. Trop souvent étudié à partir de statistiques par certains courants de la sociologie, de la médecine et de la psychologie, l'être humain n'est pourtant pas réductible aux données algébriques, si raffinées

1. La tradition stoïcienne fait exception à cette tendance générale, nous y reviendrons.

soient-elles et si prestigieux soient les titres des chercheurs qui avancent ces chiffres. Nous nous en tiendrons à l'enquête que nous avons menée, ainsi qu'à l'écoute des patients et aux témoignages d'écrivains.

Lorsque la plainte est malvenue

« Je n'ai jamais su pleurer avec facilité et attendrissement », affirme l'écrivain Colette. Elle n'est pas la seule à souffrir d'un tel frein. Nous allons découvrir que l'absence de protestation peut venir d'un refus, voire d'une interdiction de la plainte.

La plainte retenue

Une personne préférant ne pas se plaindre peut le faire pour différentes raisons. Par exemple, elle n'est pas sûre que sa doléance soit légitime, elle ne sait pas comment l'exprimer, elle manque de temps pour bien se faire comprendre, ou elle a peur d'être ridicule. Très souvent, dans le discours rationnel des uns et des autres, les considérations sociales prennent le dessus sur les motivations plus personnelles.

Ce qui est invoqué comme « bienséance » en fait partie. La bienséance désigne, *en dehors de soi*, les règles qui définissent ce qu'il convient de dire ou de ne pas dire, ce qu'il est de bon ton de faire ou de ne pas faire, c'est-à-dire la « décence », sans compter les injonctions du type « il faut, tu dois » qui, une fois intériorisées, deviennent des contraintes plus ou moins impérieuses, bridant la sensibilité et son expression[1]. Cet arsenal de croyances pousse le sujet à la discrétion, à la réserve, à la retenue. Combien de fois n'entend-on pas : « Il faut que je canalise mes émotions » ou, pire encore, « Il faut que je gère mes émotions » !

Dans ce domaine, les garçons ont longtemps été dressés[2] par leurs parents et différents éducateurs à ne pas pleurer et, même, à ne pas montrer leurs émotions[3]. La situation s'est un peu détendue, mais certains garçons devenus adultes se retrouvent dans une situation *embarrassante*, au sens propre : ils sont embarrassés par tous les sentiments et émotions qu'ils n'ont pas pu exprimer et dont ils ne savent que faire...

Christopher explique :

> « Depuis quelques années, je n'arrive plus du tout à exprimer mes émotions, je suis bloqué, à tel point que les émotions des autres me gênent ou me font peur. Je fais tout pour les éviter. Je change

1. Depuis Freud, les psychanalystes ont recours au concept de *surmoi* pour désigner ces phénomènes.
2. Ce verbe n'est pas trop fort. Certains ouvrages à destination des parents, ainsi que les propos de « professionnels de l'enfance » dans la presse ou sur les ondes, se réclament encore de ce type d'éducation.
3. S. Clerget (2015).

de conversation, je chante, je ris, je me moque... ou je reste de marbre ! Lorsque j'étais enfant, mon père nous laissait exprimer tout ce que nous ressentions, il nous laissait pleurer, puis parlait avec nous et nous consolait. Au contraire, à l'image de ses parents, ma mère ne supportait pas les émotions, les larmes en particulier. Elle nous demandait de nous taire et de ne rien montrer. Je me suis senti tiraillé entre ces deux attitudes, essayant de m'adapter aux personnes avec qui j'étais. Le plus souvent, je ne montrais rien. Le divorce de mes parents n'a pas arrangé les choses. Je me suis retenu de plus en plus et je suis devenu très fort pour cacher mes ressentis. Aujourd'hui, je me sens prisonnier de cette trop grande force apparente. Mes amis me disent que je suis dur. Pendant longtemps je n'ai pas voulu les croire, mais je me suis rendu à l'évidence et ce constat ne me fait pas plaisir. Ai-je le cœur sec ? J'ai peur d'être devenu insensible. »

La famille maternelle de Christopher accordait une très grande importance aux « bonnes manières » et à « l'éducation », au détriment de l'être humain. Il y aurait beaucoup à écrire sur les convenances et la décence, tant les contraintes imposées par ce qui est considéré comme « bienséant » peuvent alourdir, assécher et assombrir une existence.

On parle aussi de « contenance », cette manière de se tenir et de se comporter de façon mesurée en société. Le dictionnaire mentionne une « attitude extérieure manifestant une manière d'être voulue, propre à une personne qui se surveille devant autrui[1] ». C'est dire le peu de naturel qu'un tel comportement implique dans la réalité quotidienne.

L'idée que les « gens du monde », supposés « bien élevés », ne se plaignent pas, ni des autres ni de leurs propres maux, est encore assez répandue, du fait d'une forme de crédulité empêchant l'examen critique. Marcel Proust s'en amuse, en brouillant les pistes, pour montrer à quel point les croyances sociales ne reposent sur aucune vérité.

Dans *À l'ombre des jeunes filles en fleurs*, Mme de Villeparisis a écrit au maire de Balbec pour se plaindre d'avoir reçu une balle du jeu de diabolo au visage en se promenant sur la digue, et demander l'interdiction du jeu.

> « Andrée ne se mêla pas à la conversation, elle ne connaissait pas, non plus d'ailleurs qu'Albertine ni Octave, Mme de Villeparisis. "Je ne sais pas pourquoi cette dame a fait toute une histoire, dit pourtant Andrée, la vieille Mme de Cambremer a reçu une balle aussi et elle ne s'est pas plainte. — Je vais vous expliquer la différence, répondit gravement Octave en frottant une allumette, c'est qu'à mon avis, Mme de Cambremer est une

1. *TLF* (consulté en ligne le 26 juin 2016).

femme du monde et Mme de Villeparisis est une arriviste[1]." »

Ce passage traduit le snobisme, distancié, de Proust, qui sait poser sur lui-même un regard de dérision en s'amusant des préoccupations sociales qui prennent tant de place dans son existence. L'avis d'Octave en faveur de l'aristocrate qui « ne s'est pas plainte » révèle aussi de façon plaisante une sorte de variante mondaine du stoïcisme.

La plainte tue

Taire toute plainte correspond à l'idéal stoïcien. Le stoïcisme, notamment représenté par Épictète, dont le *Manuel* est resté célèbre, prône l'ataraxie pour se défaire des passions. L'ataraxie désigne l'état de paix que procure l'absence d'émotion. Ce terme grec, construit à partir du préfixe *a-* privatif que l'on trouve par exemple dans « apathie », « aboulie », etc., signifie la privation d'émotion (*taraxis :* trouble, perturbation, émotion). Pour les stoïciens, le bonheur se trouvait justement dans cette absence de trouble. Selon eux, un tel état n'avait rien de vraiment négatif, puisqu'il procurait une forme de béatitude. Pour les philosophes, il s'agit donc d'une forme de profonde tranquillité

1. M. Proust (1919). Dans les faits, selon les codes sociaux de l'époque rapportés par Proust, Mme de Villeparisis est la femme « bien élevée » et Mme de Cambremer l'arriviste.

et d'impassibilité de l'âme, obtenue par la maîtrise de soi[1]. Une telle quiétude absolue de l'âme correspond à un idéal de sagesse, autant chez les épicuriens que chez les stoïciens. Sénèque écrit :

> « Le lâche qui se plaint, qui pleure, qui gémit, n'en est pas moins ramené au devoir. Or, quelle démence de se faire traîner plutôt que de suivre ! Non moindre, en vérité, est la sottise de ces gens, oublieux de leur condition, qui s'affligent s'il leur arrive quelque chose de pénible, qui s'étonnent, qui s'indignent à l'une de ces disgrâces communes aux bons et aux méchants, je veux dire les maladies, les morts, les infirmités et les milles traverses auxquelles la vie de l'homme est en butte. Tout ce que la constitution de l'univers nous impose de souffrances, acceptons-le intrépidement[2]. »

Voici une définition claire et précise de l'attitude placide, renonçant à toute plainte, adoptée et défendue par les stoïciens. En regard de cette conception, récriminer ou réclamer est particulièrement mal venu, donc évité. Quelquefois, d'une façon moins philosophique, mais plus morale que mondaine, les lamentations peuvent être mal considérées. Ainsi, André Gide est irrité ou révolté par la plainte continuelle de jeunes écrivains privilégiés, qu'il estime dépourvus de

1. En psychopathologie, l'ataraxie correspond à un état d'indifférence d'un sujet sans aucune réaction.
2. Sénèque, *La Vie heureuse* (*De vita beata*).

véritables motifs de plainte. Le 2 janvier 1928, il écrit dans son *Journal* :

> « Immensité de la misère humaine. En regard de quoi l'indifférence de certains riches ou leur égoïsme me devient de plus en plus incompréhensible. La préoccupation de soi-même, de son confort, de ses aises, de son salut, marque une absence de charité qui me devient toujours plus dégoûtante. Chacun de ces jeunes littérateurs qui s'écoute souffrir du "mal du siècle" ou d'inquiétude, ou d'ennui, guérirait instantanément s'il cherchait à guérir ou à soulager autour de lui des souffrances autrement réelles. Nous, fortunés, nous n'avons pas droit à la plainte. »

On reconnaît là une forme d'austérité, voire de rigidité, parfois reprochée au protestant Gide. Au-delà du cas précis de l'écrivain, il est intéressant de voir opposer la plainte et la charité. La plainte paraît n'être que lamentation stérile sur un « soi » plutôt bien portant. En ce cas, l'attention portée à l'autre suffirait à décentrer l'attention nombriliste pour la transmuer en altruisme. En quelque sorte, le mal-être psychologique est oublié, et l'individu se tourne vers autrui pour être crédible et bien considéré. Pourtant, la « préoccupation de soi-même » peut-elle être opposée à l'attention à l'autre ? Sortir de cette idée caricaturale que la complainte est négation de l'autre représenterait peut-être un premier pas vers une réhabilitation de l'écoute de soi-même, distinguée de l'égoïsme. « S'écouter souffrir » n'est pas incompatible avec l'écoute de l'autre. Bien se connaître permet de développer sa sensibilité aux souffrances de nos semblables[1]...

Selon le même schéma, de nombreux patients n'osent pas exprimer une injustice, ou plus largement une souffrance, du fait que d'autres ont connu des iniquités plus graves ou souffrent plus qu'eux-mêmes. Ce raisonnement risque néanmoins d'être limitant. Il empêche de prendre conscience des événements qui nous ont marqués et dont l'empreinte peut se révéler encore active en nous. Face à ce type de dénégations, et à leurs justifications, le praticien peut sentir qu'il est nécessaire de poser une question pour que les injustices du passé puissent enfin être nommées.

Medhi explique :

> « Je me souviens de l'injustice que je ressentais lors des disputes récurrentes, parfois violentes entre mes parents. J'aurais aimé avoir des parents plus présents, qui s'entendent mieux. Je me souviens clairement d'avoir pensé : je n'ai rien à voir là-dedans, ce sont leurs histoires, pas les miennes. Cette expérience a fait naître en moi l'envie d'être ailleurs. Les disputes de mes parents

1. Comme le précisaient Rousseau et Chateaubriand, notamment. Voir les chapitres précédents. Voir également M.-F. de Palacio (2016).

m'enfermaient dans un présent que je ne méritais pas. Je pensais qu'elles devaient rester à l'extérieur de moi. Le fait que mes parents m'impliquent dans cette partie très intime de leur vie de couple me révoltait. »

Cette révolte est le signe même de l'injustice. Elle n'est libératrice que si elle est exprimée. Si ce n'est pas le cas, elle engendre une colère rentrée, une rage contenue souvent prête à exploser, comme pour Medhi, dans ces moments où il devenait violent lorsqu'il était contrarié ou qu'il grognait sans raison contre son entourage. La révolte contre l'injustice, lorsqu'elle n'est pas affirmée, peut aussi donner naissance à la honte.

Medhi poursuit :

« Une autre injustice dont je me souviens est la remise d'un devoir de français, une dissertation sur le thème de la corrida. Je trouvais ma professeure de français très jolie, et j'étais probablement un peu amoureux d'elle. J'avais 13 ou 14 ans. C'était un devoir à faire à la maison. Je pense que dans l'enthousiasme j'ai passé une bonne partie du week-end à le rédiger. Quand elle me l'a rendue, ma copie portait la note de deux sur vingt avec un commentaire au sujet du papier et de l'encre. Lorsque je lui ai demandé pourquoi ma note était aussi mauvaise, elle m'a répondu que je ne pouvais pas être l'auteur du devoir, du fait de la qualité de l'écriture, de la maturité des arguments exposés, etc. J'aurais pu me sentir flatté mais j'en retiens aujourd'hui encore une sensation de honte. J'ai eu honte de passer, aux yeux de mes camarades, pour un tricheur, plus encore qu'à ses yeux à elle. Elle se trompait et j'ai été très déçu par cette femme, et aussi effrayé, car dans cette "faute" se trouvait le germe d'une forme de dictature. Tout le long de ma scolarité, j'ai travaillé "pour". Je faisais un effort particulier dans les matières dont le professeur me plaisait. Notamment si celui-ci était une femme. »

Pourquoi l'enfant ne dit-il rien dans une situation d'injustice aussi criante que celle-ci ? Pour quelle raison ne peut-il pas affirmer la vérité et la soutenir ? Bien souvent, il n'ose pas se révolter parce que ses précédentes révoltes n'ont trouvé ni accueil ni compréhension. Elles se sont heurtées à l'indifférence des adultes... L'injustice reste alors ancrée en lui, parfois même avec une forte honte, comme celle qui a pesé sur Medhi pendant des années.

Bien des personnes taisent leur plainte, non seulement par timidité, pudeur ou honte, mais aussi parce qu'elles craignent que leur requête ne soit pas entendue ou pas comprise, et se révèle inutile. Il se peut aussi que ce dont elles souffrent leur semble anodin en regard de l'injustice dont pourrait se plaindre un de leurs proches. Ainsi, pendant toute son enfance et sa jeunesse, Fatima a vécu sans se plaindre. Pourtant, elle a connu de nombreuses injustices, dont la douleur était accentuée par la comparaison avec ses copines.

> « Je vivais avec mon frère et mes parents dans un appartement très petit, sans salle d'eau, je n'avais pas de chambre. Je n'ai pas pu apprendre le piano alors que j'aurais tant aimé le faire. Aujourd'hui, dans un langage d'adulte, je dirais que je faisais face à de grandes frustrations et que je souffrais d'un complexe vis-à-vis d'autres enfants. À l'époque, je ne comprenais pas ce malaise qui ne me quittait pas. J'étais souvent très malade. Était-ce la seule façon d'attirer un peu d'attention sur moi ? J'ai gardé ces injustices pour moi, sans jamais me plaindre. Mon milieu prolétaire et peu cultivé ne comprenait pas et ne pouvait pas satisfaire mes demandes. J'ai pu enfin les exprimer dès que j'ai été indépendante financièrement et que j'ai choisi mes amies, mes sorties, mes voyages, mes études... »

Le plus douloureux dans l'histoire de Fatima est que son père, ayant quitté l'Algérie à 19 ans parce que ses parents ne voulaient pas qu'il épouse la jeune fille qu'il aimait, est venu s'installer en France au début des années 50 et ne les a plus revus. Fatima, informée de cette histoire par une tante kabyle, sœur de son père, a compris qu'elle n'osait pas se plaindre surtout pour ne pas faire de peine à son père, solitaire, triste et taciturne, qui ne disait mot de ses souffrances mais vivait avec elles à chaque instant.

La plainte peut aussi être découragée par ceux qui sont censés l'accueillir et la recevoir afin de lui offrir un écho bienveillant, si ce n'est potentiellement consolateur.

Dans *Du côté de Guermantes*, le narrateur montre au détour d'une phrase le soulagement, voire la satisfaction, que l'on peut éprouver à être plaint. Sa fidèle servante Françoise, qui l'adore pourtant, refuse de lui prêter la moindre attention :

> « Avec la "sensibilité" prétendue des nerveux grandit leur égoïsme ; ils ne peuvent supporter de la part des autres l'exhibition des malaises auxquels ils prêtent chez eux-mêmes de plus en plus d'attention. Françoise, qui ne laissait pas passer le plus léger de ceux qu'elle éprouvait, si je souffrais détournait la tête pour que je n'eusse pas le plaisir de voir ma souffrance plainte, même remarquée[1]. »

Cette attitude d'indifférence feinte ou de dédain appuyé est fréquente face à l'expression de la souffrance. Pour ne rien savoir de la souffrance de l'autre, il est facile de lui demander de ne pas l'exprimer, ou encore de faire comme s'il ne l'avait pas exprimée, ou enfin de la considérer comme sans importance, voire sans valeur. A contrario, l'*empathie* – dont il est tant question depuis

1. M. Proust (1921).

quelque temps, mais qui reste bien souvent peu effective et rarement partagée – implique la prise de conscience de ce que l'autre est en train de vivre, la capacité à sentir ce qu'il ressent, à percevoir ce dont il souffre, au risque d'en être réellement affecté soi-même plus que de raison.

La plainte interdite

Protestations et griefs peuvent être censurés par un groupe ou un système familial pour protéger le silence qui entoure un secret (inceste, escroquerie, meurtre), ou pour se dédouaner d'une culpabilité réelle en la reportant sur quelqu'un d'autre. Les organisations mafieuses fonctionnent sur ce mode du silence imposé. L'œuvre de la romancière anglaise Agatha Christie est une transcription extraordinairement inventive de ces jeux de faux-semblants qui permettent aux vrais coupables de détourner l'attention sur d'autres personnes ou d'autres événements, tout en s'ingéniant à banaliser ou à minimiser les doléances des véritables victimes et à faire disparaître les témoins gênants.

Solène a grandi dans une famille experte en habiles camouflages et en savants mensonges pour voiler une réalité faite d'adultères, de conceptions hors mariage et d'incestes ou abus sexuels complaisamment élargis aux amis de son beau-père, y compris le médecin de famille et le prêtre de la paroisse. Elle se souvient d'une injustice qui l'a beaucoup marquée lorsqu'elle était enfant. Un jour d'été, alors qu'elle jouait avec sa nurse, cette dernière a heurté une table et fait tomber une belle lampe, qui s'est cassée. Lorsque le beau-père de Solène est survenu, la nurse a directement accusé la petite fille, sans lui laisser le temps de donner la moindre explication. Stupéfaite, Solène n'a pas pu se défendre. Sans chercher à comprendre, l'homme a puni la petite fille sur-le-champ : « Tu me paieras cette lampe en me remboursant avec toutes tes économies et tu n'auras aucun cadeau à Noël. » Le beau-père a tenu promesse. Heureusement, Solène a pu demander de l'aide à sa grand-mère maternelle pour rembourser la lampe...

Tu ne te plaindras point ! Ce commandement peut dériver de situations d'emprise, de domination au sein de la relation, du déni de l'injustice ou de la souffrance, du camouflage de ce qui gêne, de l'esquive des difficultés ou de l'évitement des conflits, etc. Sophie a ainsi pu faire ce constat :

> « J'ai beaucoup souffert et souffre encore beaucoup de l'évitement des conflits. Mes parents, mon frère et ma sœur ont cette culture. Il y a là un mélange de bonté et de lâcheté, je l'ai éprouvé quand j'ai été très dépressive et que tout le monde ne *voyait* rien... Pas de vagues, pas de scandale, tout va bien, "circulez, y a rien à voir" ! Je ne m'étonne pas, rétrospectivement, d'avoir été déclarée bipolaire à ce moment-là. La violence

couve lorsque les affects ne peuvent s'exprimer librement. Lorsque j'étais enfant, je sentais qu'il fallait toujours être la première en classe et une petite fille modèle. Il me semblait que mes parents cesseraient de m'aimer si j'étais seulement deuxième et si je n'étais pas exemplaire. Le résultat est que j'ai certes respecté le programme de l'exemplarité, mais qu'en parallèle la façade lisse craquait régulièrement : anorexie, scarifications, conduites sexuelles erratiques, etc. Le système de la cocotte-minute, en somme. Il est très surprenant que ma famille n'ait jamais réagi de manière forte et tendre à la fois, en cherchant à comprendre mes problèmes et en m'aidant à les résoudre. On continuait à ne pas voir. Mes provocations, qui étaient un appel à l'amour, passaient inaperçues. »

Sophie a développé une violence verbale et même physique, parfois, en réponse à ces paroles lénifiantes, à ces natures aussi irréprochables qu'intouchables. Elle aurait aimé avoir une famille moins « parfaite » mais surtout moins pudique, et plus chaleureuse.

« Tout cela pour dire que la grande coupable, selon moi, dans le drame consécutif à la mort du petit frère de ma mère, fut cette pudeur qui fait que l'on n'évoque pas ce qui fait mal, ce qui fâche, ce qui n'est pas dans la norme. Cela s'est réitéré, d'ailleurs : ma sœur s'est mariée à 20 ans. Son mari en avait 22. Il est mort d'un cancer un an après. J'avais alors 9 ans. Je me souviens de la pesanteur du silence autour de cet autre événement tragique. Mes parents cessèrent de parler de lui, pensant que cela raviverait la douleur de ma sœur. Ma sœur n'en a plus parlé non plus, mais elle est entrée dans les ordres. Autre manière de faire silence... Manière pas très efficace, d'ailleurs, puisqu'elle en est sortie vingt ans plus tard. »

Il y aurait beaucoup à dire sur toutes ces douleurs qui ne peuvent pas être formulées, sur toutes ces violences qui ne se voient pas, ne s'entendent pas, et rongent les familles tellement « normales », apparemment douces et affectueuses...

L'interdiction de la plainte peut également provenir de situations sociales défavorables à la liberté d'expression, au sein desquelles la croyance en une « hiérarchie » bride la parole de certains, considérés comme « inférieurs », au profit d'autres, tenus pour « supérieurs ».

Dans le *Journal d'une femme de chambre*, Octave Mirbeau évoque de façon très naturaliste les dessous et les travers dissimulés des « maîtres ». Un passage du récit trahit une plainte tue, sous la forme d'un constat désabusé, d'une dénonciation des apparences et d'une évocation réaliste de la solitude ancillaire.

« Je ne suis pas vieille, pourtant, mais j'en ai vu des choses, de près... j'en ai vu des gens tout nus... Et j'ai reniflé l'odeur de leur linge, de leur peau, de leur âme... Malgré les parfums, ça ne sent pas bon... Tout ce qu'un intérieur respecté, tout ce qu'une famille honnête peuvent cacher de saletés, de vices honteux, de crimes bas, sous les apparences de la vertu... ah ! je connais ça !... Ils ont beau être riches, avoir des frusques de soie et de velours, des meubles dorés ; ils ont beau se laver dans des machins d'argent et faire de la piaffe... je les connais !... Ça n'est pas propre... Et leur cœur est plus dégoûtant que ne l'était le lit de ma mère... »

Cette plainte par-devers soi manifeste la grande solitude des domestiques, la révolte terrible qui couve et qu'il *faut* taire, un sentiment d'injustice impossible à formuler...

« Ah ! qu'une pauvre domestique est à plaindre, et comme elle est seule !... Elle peut habiter des maisons nombreuses, joyeuses, bruyantes, comme elle est seule, toujours !... La solitude, ce n'est pas de vivre seule, c'est de vivre chez les autres, chez des gens qui ne s'intéressent pas à vous, pour qui vous comptez moins qu'un chien, gavé de pâtée, ou qu'une fleur, soignée comme un enfant de riche... des gens dont vous n'avez que les défroques inutiles ou les restes gâtés : "Vous pouvez manger cette poire, elle est pourrie... Finissez ce poulet à la cuisine, il sent mauvais..." »

Combien le mépris et la dévalorisation, subis en silence, provoquent les blessures de l'injustice ! La domination triomphe, à rabaisser encore plus celui qui est censé être déjà « inférieur » ; les relations humaines semblent résumées à des questions de niveau. Plus encore que le fait de se voir ravalé au statut quasi animal, c'est l'impossibilité de la plainte qui engendre une violence d'autant plus forte qu'elle est réprimée.

> « Chaque mot vous méprise, chaque geste vous ravale plus bas qu'une bête... Et il ne faut rien dire ; il faut sourire et remercier, sous peine de passer pour une ingrate ou un mauvais cœur... Quelquefois, en coiffant mes maîtresses, j'ai eu l'envie folle de leur déchirer la nuque, de leur fouiller les seins avec mes ongles... Heureusement qu'on n'a pas toujours de ces idées noires... On s'étourdit et on s'arrange pour rigoler de son mieux, entre soi[1]. »

Toute la force d'un écrivain engagé comme Mirbeau réside dans cette capacité à peindre un tableau si vrai, bien que noir, de la réalité complexe des relations humaines, violemment chargées d'affects tus, sous leur double aspect psychologique et sociologique.

1. O. Mirbeau (1900).

Le miroir de la plainte

En fait, la plainte, qu'elle soit exprimée ou réprimée, est un miroir social valorisant en ce qu'elle vient prouver l'*héroïsme* de celui qui la profère ou qui la réfrène, selon les cas. Elle est surtout un miroir pour l'âme, pour le sujet face à lui-même, qui peut faire preuve de compassion et de compréhension à son propre égard, tout en prenant la mesure de ce dont il souffre.

Se plaindre de soi ou se plaindre soi-même ?

Dans la formule réflexive « Je me plains » réside la possibilité d'une commisération pour soi-même, qui n'est pas forcément de la pitié parfois féroce, mais une réelle mansuétude ou un attendrissement sincère. Il s'agit d'une empathie pour soi.

À partir de cette capacité réflexive, le psychanalyste Frédéric Tordo a développé la notion d'auto-empathie ou « relation empathique avec une part subjective de soi », qui permet au sujet de contempler son monde subjectif comme s'il l'observait de l'extérieur, à partir de la place d'une altérité en soi-même, que l'auteur appelle « autrui-en-soi[1] » : « Le sujet se représente son monde subjectif en prenant la position de l'autrui-en-soi, entretenant dès lors une relation empathique avec lui-même. [...] L'auto-empathie correspond ainsi à

1. F. Tordo (2013).

une opération de distanciation. Autrement dit, si l'empathie suscite la représentation d'autres mondes subjectifs possibles, son prolongement réflexif dans l'autoempathie va mettre en évidence, pour un individu, l'existence de son monde subjectif[1]. »

F. Tordo propose « l'autrui-en-soi » dans l'autoempathie comme un autre virtuel devenant un regard intériorisé qui n'est plus porté vers un autre semblable du monde extérieur mais sur soi-même, permettant aussi de prendre soin de soi. Cette sollicitude envers soi-même favorise les prises de conscience de nos maladresses, de nos égarements ou de nos erreurs, c'est-à-dire non seulement des injustices que nous avons subies mais aussi de celles que nous avons commises, volontairement ou non, à l'égard des personnes avec lesquelles nous sommes en relation.

Reconnaître l'injustice ne peut pas être une dynamique à sens unique, mais constitue un discernement valable en toutes circonstances pour soi, comme pour autrui. Ainsi, pouvoir exprimer des griefs implique légitimement que l'autre puisse en faire autant. La réciprocité de la possibilité de se plaindre réside dans cette facilitation de la parole vraie.

---

1. *Ibid.*

De l'insatisfaction au sentiment d'injustice

De même qu'il n'y a pas vraiment d'enfant capricieux, et que celui qui le serait ne ferait que manifester un malaise plus profond en lui et autour de lui, l'adulte « râleur », c'est-à-dire facilement bougon, grincheux, grognon, boudeur, ronchon, etc., voire franchement contestataire, exprime à son insu, non pas tellement l'insatisfaction du moment qu'un sentiment d'injustice dont il n'a pas ou plus conscience. Bien souvent, ce sentiment d'injustice a été réprimé, voire refoulé ou nié, pour toutes les raisons que nous avons évoquées durant ce chapitre, comme autant de barrages à l'expression de la plainte.

Plus encore, le sentiment d'injustice est équivalent au sentiment d'abandon. En effet, une personne peut se sentir abandonnée alors qu'une autre ne le vivrait pas de la même façon ou qu'un observateur extérieur ne pourrait pas imaginer un tel retentissement sur elle. De manière identique, l'un peut vivre une injustice dans une situation qu'un autre interprétera tout autrement, et réciproquement. Par exemple, certaines personnes vivent la fin d'une relation amoureuse comme une douloureuse injustice, alors que d'autres se résignent plus facilement à la séparation, lorsqu'elle devient inévitable.

Aziz trouve son existence peu satisfaisante malgré tous les efforts réels et constants qu'il déploie dans bien des domaines :

« Je ne comprends pas ma situation. Je la trouve injuste, au fond, dit-il. Je mérite d'être aimé, d'être heureux moi aussi, et de mieux gagner ma vie. Pourquoi pas moi ? »

Certaines personnes peuvent aussi vivre comme des injustices leurs désillusions, leurs regrets ou même leurs mouvements de jalousie envers des amis ou des proches qu'elles estiment plus fortunés qu'elles. La difficulté à identifier la raison de leur malaise, ou la peur de remonter à sa source, conduisent ces « plaignants » à considérer comme autant d'injustices des souffrances de nature différente.

Laurence vit clairement comme une injustice l'impasse relationnelle dans laquelle elle se trouve depuis un an avec son mari.

« Raoul prend des distances avec moi, alors que c'est moi qui voulais prendre des distances avec lui depuis plusieurs mois déjà : je m'en veux de ne pas avoir été capable de le faire. »

La plainte enfin exprimée par Laurence, lors d'une séance, l'aide à prendre conscience de la colère qui gronde et s'accumule en elle, ainsi que de la violence destructrice qu'elle a tendance à agir contre elle-même en se dépréciant. Comme nous l'avons vu, le sentiment d'injustice est accompagné d'autres affects comme la tristesse, le découragement, la révolte, la solitude, l'impuissance, voire la honte ou la culpabilité. L'incompréhension est fréquemment présente, comme pour ce père s'occupant seul de ses enfants au milieu d'une sorte d'indifférence à la difficulté de sa situation. Les mille aléas du quotidien semblaient tout simplement invisibles aux yeux des autres. Il avait l'impression d'entendre souvent plaindre une mère seule avec ses enfants, mais de n'avoir à aucun moment, pour sa part, bénéficié d'un tel soutien...

L'injustice peut provenir d'une différence de traitement entre deux (ou plusieurs) personnes, l'une étant privilégiée ou favorisée au détriment d'une autre, et ce d'autant plus que le traitement de faveur n'est pas reconnu par l'intéressé ou par ceux qui l'agissent.

Enfin, il arrive qu'un revirement dans une relation, ou un net changement d'attitude, soit considéré comme une injustice, voire une trahison, même si rationnellement il est possible de faire la part des choses et de comprendre qu'il n'en est rien. La personne qui se sent lésée peut alors retirer sa confiance de façon très nette, voire définitive.

Dans tous les cas, évoqués ou non au cours de ce chapitre, il peut être intéressant et utile d'ouvrir un *cahier de la plainte*. Dans ce journal ou ce carnet de bord, il sera bienvenu d'écrire sincèrement et librement, c'est-à-dire sans se justifier et sans se censurer, tous les événements de la vie quotidienne qui peuvent donner lieu à lamentations, protestations ou plaintes. Comme la soupape de la cocotte-minute qu'évoquait Sophie, ce cahier aidera à mettre hors de soi (hors-jeu/je), donc aussi à distance, tous les mouvements intérieurs associés aux moments pénibles ou aux événements perturbants[1].

Nous n'avons pas encore étendu nos explorations aux personnes qui utilisent l'injustice ou la plainte pour exercer une influence, volontaire ou involontaire, sur autrui. Nous allons nous y employer maintenant.

---

1. D'expérience, certaines personnes apprécient de tenir ce cahier de la plainte en plus de leur carnet des injustices (voir chapitre 2), d'autres écrivent dans le même livret. Chacun choisit ce qui est le mieux pour soi...

5

LE BEAU RÔLE DE VICTIME

« Ce sont les hommes qui se disent normaux, qui mènent le monde au bord de la catastrophe. »

Andreï Tarkovski, *Nostalghia.*

Les gémissements sont pénibles pour ceux qui les entendent. Comme les tourbillons marins, ils possèdent une puissance d'entraînement dans les profondeurs du marasme et de la désolation. Leur force de conviction peut entamer notre bonne humeur, nos dispositions favorables et notre ardeur. Le plus désagréable est sans doute qu'ils paraissent réclamer, exiger, voire forcer, notre compassion.

Dans son témoignage d'une grande acuité, Etty Hillesum confie le vendredi 8 août 1941 :

« Quand je suis descendue ce matin, les premiers mots de maman ont été : "Je souffre le martyre !" Étrange : le moindre soupir de mon père me brise le cœur ; mais quand ma mère se lamente : "Je souffre le martyre, je n'ai pas fermé l'œil, etc.", cela ne me touche pas au fond de moi. »

La jeune femme hollandaise donne une précieuse indication : lorsque la plainte n'est pas sincère et, surtout, si elle est trop appuyée, elle nous lasse au lieu de nous toucher. Son effet sur nous est inversement proportionnel à son degré d'affectation et d'artifice. « "Pipelette, mégère, as-tu fini de pleurnicher ? Vas-y, jacasse tout ton soûl !" Voilà ma réaction au fond de moi lorsque maman est en train de me parler. Maman vous pomperait votre dernière goutte de sang. »

Les lamentations d'autrui peuvent effectivement donner l'impression d'une forme de vampirisme. La personne qui geint phagocyte notre énergie en l'attirant à elle, sans que nous puissions rien faire pour l'en empêcher. Aussi des réactions hostiles naissent-elles naturellement en nous, et souvent malgré nous, à cette occasion.

« J'essaie de la voir objectivement et de l'aimer un peu, mais je ne puis m'empêcher de me dire au fond de mon cœur : "Quelle pauvre vieille piquée !" C'est très mal ; ici je ne vis pas, je me laisse vivre. Je remets ma vie à plus tard, j'attends mon départ. Toute énergie me manque ici pour travailler avec cœur, on dirait que l'on vous pompe toute votre énergie[1]. »

Dans un environnement dont l'ambiance de fond est pessimiste, nous risquons de perdre notre élan vital, de nous démobiliser et de devenir attentistes, ce qui est une façon indirecte de participer à la consternation ambiante, puis de la renforcer en y contribuant. Les périodes de crise dans l'histoire des sociétés et des civilisations prouvent que ce phénomène existe aussi à grande échelle : le négativisme des uns entraîne le découragement des autres et la démotivation se répand de plus en plus.

L'habitude de se plaindre, ou de se faire plaindre, est d'autant plus éprouvante pour l'entourage qu'elle est insistante et répétitive. Elle peut en devenir assommante et plonger les destinataires de la plainte dans un désagréable embarras. Essayons d'identifier ces diverses formes de récriminations fâcheuses et importunes, tout en tâchant de préciser – puisque la plainte est une action – comment elle agit sur autrui.

Rien n'ira jamais plus !

Certaines plaintes, surtout celles qui sont encombrantes et pesantes, donnent l'impression

1. E. Hillesum (1981), p. 48-49.

de s'entretenir elles-mêmes, de se reproduire sans cesse, indéfiniment. Ce phénomène qui s'alimente dans une forme de réitération à l'infini est éminemment *pulsionnel*, c'est pourquoi il est si difficile à apaiser et à arrêter. Mme Bennet, la mère des cinq filles de la famille au cœur du roman le plus célèbre de Jane Austen, *Orgueil et Préjugés*[1], constitue un exemple typique de la personne qui ne cesse de récriminer, de maugréer et de protester.

> Pour Mrs Bennet, tout ce qui lui arrive ou la touche indirectement à travers chacune de ses filles devient motif de gémissements exacerbés et de jérémiades bruyantes. Sans pouvoir se contenir, cette femme qui dit elle-même « souffrir des nerfs » est constamment éplorée. Elle semble dépassée par la moindre contrariété, mais aussi par les petits bonheurs et les grandes joies qui surviennent dans sa famille. Un déboire devient matière à geindre constamment en prévoyant le pire – elle reste alors alitée ou enfermée dans sa chambre – mais les réjouissances sont aussitôt entachées de la menace d'une future et certaine désolation... Entre frayeur de la ruine et crainte de l'abandon, tout événement est considéré comme une injustice ou comme une vexation. Rien ni personne ne peut consoler ou apaiser la « pauvre » Mrs Bennet.

1. J. Austen (1813). Le roman a été adapté plusieurs fois au cinéma et à la télévision.

À l'origine de ce type de lamentation aussi irrépressible pour la personne qu'il affecte qu'insoutenable pour celles qui en sont témoin, il est possible d'identifier trois facteurs : le défaitisme, le fatalisme et le nihilisme.

Le défaitisme

Lorsqu'il vient consulter pour la première fois, Ulysse se montre à la fois apeuré et méfiant. Il a peur de venir dans le quartier très populaire, particulièrement animé et bigarré, où travaille le psychanalyste. Il se méfie principalement de certains types de personnes dont la peau est « bronzée ». Il dit les trouver trop nombreuses et commence, à peine assis, un discours stéréotypé nourri d'invectives et de préjugés sans fondements. Le professionnel, qui connaît son quartier, tente de le rassurer sur la bonne entente de toutes les communautés, qui cohabitent dans un réel climat de convivialité. Ulysse se détend et commence alors à parler de lui.

Lorsqu'il s'agit de lui-même, cet homme sportif devient rangé et réservé. Son regard est fuyant. Il semble partagé entre l'angoisse et la colère, mais très vite il montrera au praticien un tout autre aspect de lui-même, celui d'un petit garçon plaintif, malheureux, mal dans sa peau pourtant soignée d'homme à la mode. Les seules perspectives qui égayent sa vie concernent ses voyages dans des pays lointains, qu'il relate, à son retour, comme de véritables épopées. Sinon, pendant de longs mois, à chaque séance, Ulysse égrène une litanie de doléances et de maux qui l'affectent réellement, dans son corps aussi. Il a notamment eu à souffrir de dérangements intestinaux et artériels qui l'ont conduit plusieurs fois en urgence à l'hôpital. Entre les séances, à l'occasion puis de plus en plus fréquemment, Ulysse envoie un mél à son thérapeute :

> « Désolé de vous écrire une nouvelle fois mais j'ai mal dormi : peut-être le vin hier soir avec Ariane, et puis le dos, le dos, le dos ! J'étais en panique cette nuit après un réveil à 4 heures du matin, et des douleurs dorsales. Du coup, ce matin, j'ai refouillé sur Internet. Outre les douleurs qui pourraient provenir de problèmes mécaniques, j'ai lu que cela pouvait être aussi un organe en souffrance... Alors le petit vélo s'est mis en route dans ma tête. J'ai peur d'avoir un truc grave ! Je retournerai voir mon vieil ostéopathe aussi... Bref ! La panoplie des praticiens, comme à une époque... Je n'ai vraiment pas de chance ! »

À aucun moment de sa psychanalyse, et bien que proche en tout point du petit Calimero, Ulysse n'a parlé d'injustice. Fait intéressant, sa plainte infinie concerne plutôt le manque de chance et la peur que sa malchance ne s'aggrave.

Deux ans plus tard, Ulysse va déjà beaucoup mieux, ses graves ennuis de santé ne sont plus que de mauvais souvenirs, il ne fuit plus le regard de son interlocuteur, il n'a plus peur des personnes d'origine étrangère qu'il croise dans les rues, il est beaucoup plus lucide sur lui-même, mais le gémissement de fond persiste. La *méfiance* reste présente aussi.

« Je m'aperçois que je suis exigeant envers les autres, que j'ai du mal à les accepter tels qu'ils sont. J'ai surtout du mal à faire confiance. Alors imaginez comment mon cerveau fonctionne depuis que j'ai rencontré Nausicaa en Crète. Je pense à elle constamment et, dans le même temps, je sais que cette situation m'épuise. Pourtant, je n'ai ni la force ni l'envie d'arrêter cette relation. Je suis très accroché à cette femme, bien qu'elle soit lunatique. Elle est capable de me dire "Je t'aime" dix fois par jour et le lendemain me répondre sèchement par un seul mot. L'idéal serait que je rencontre une femme en France, mais je n'ai pas l'état d'esprit pour ça actuellement. Alors les portes semblent fermées. Je n'ai pas envie de grand-chose non plus, les sorties me lassent, même si j'espère chaque fois rencontrer quelqu'un qui m'aiderait à oublier Nausicaa. Je suis toujours pendu à mon téléphone à attendre ses messages et ses appels... Je suis devenu accro à toutes ces technologies... Je la piste partout, sur les réseaux sociaux, sur les sites de rencontres... un vrai fou ! »

Ulysse surveille la femme qu'il a rencontrée lors de ses dernières vacances car il n'arrive pas à lui faire vraiment confiance et il craint qu'elle le trompe ou le quitte. Lorsque le psychanalyste lui fait remarquer qu'il a peur d'être trahi, bien que projetant de son côté de rencontrer une autre femme en France, Ulysse reste silencieux un moment et sa plainte reste en suspens quelque temps.

« Il suffirait que je dise stop à tout cela... mais je n'y arrive pas, la solitude doit m'effrayer ! J'attends un miracle de C. [son acupuncteur] qui me fera peut-être fonctionner autrement au quotidien... mais au fond de moi, je n'y crois pas. »

Ulysse prend conscience qu'il se méfie de tout et de tous. Est-ce là l'origine de sa plainte continuelle ? En tout cas, il comprend que s'il refuse d'accorder réellement sa confiance à l'acupuncteur, il ne pourra pas se détendre et profiter du soin, puis il sera déçu encore une fois, et s'en plaindra après ! Tout cela ne dépend que de lui... Ulysse se rend lui-même la vie impossible, puis il se plaint d'être souffrant et de ne pas être heureux.

« Depuis quelques jours j'ai de nouveau mal au ventre. C'est probablement dû aux disputes avec Nausicaa. Nous avons de forts caractères, et aucun d'entre nous ne cède lorsque nous sommes en désaccord. La relation est devenue tendue. J'ai le sentiment de chercher un prétexte... pour arrêter avec elle, alors que je suis très amoureux. Je ne suis peut-être pas encore prêt pour une relation, encore moins à distance. Je continue à la surveiller sur Internet, j'ai du mal à arrêter cette surveillance. Je n'ai confiance en rien, ni en personne, c'est fou. Je me fais du mal tout seul, je sais, alors que je pense vraiment que c'est une femme sérieuse et que son choix s'est arrêté sur moi. Elle a beaucoup de qualités. J'ai constamment besoin qu'elle soit proche de moi ; quand elle est silencieuse, cela m'agace. J'aime aussi avoir le contrôle sur beaucoup de choses ; évidemment, ce n'est pas toujours possible, alors ça m'énerve encore plus ! »

Ulysse est le premier à être conscient qu'il crée lui-même son propre malheur et qu'il a beau jeu, après, de s'en plaindre. Ce mécanisme stérile ne lui convient pas, mais il n'arrive pas encore à y mettre un terme. La plainte emprisonnerait-elle celui qui lui donne trop de place ? Celui qui en fait l'objet principal de son discours finirait-il, pernicieusement, par se laisser dominer par elle ?

Ô malheur fatal

Joan est directrice financière d'une grande entreprise florissante. En dépit de sa fonction, elle parle avec une voix de petite fille. Atteinte d'une maladie dégénérative depuis plusieurs années,

Joan vit seule. Elle n'a pas de compagnon et regrette de ne pas être mère. Elle aurait aimé avoir des enfants. Enfin, elle n'en est pas sûre... Pour elle, l'existence est un calvaire, elle n'arrive pas à être heureuse, elle ne parvient même pas à partir en vacances. Comme un criminel détenu en prison à perpétuité, elle semble condamnée à une plainte perpétuelle, à un éternel malheur. Son amère complainte s'étire et s'étale séance après séance. Cela lui fait du bien de parler car, à part à une amie, elle ne se confie pas.

> « Je suis perdue dans mes pensées d'enfant. Je suis sans voix, je suis sans vie, je suis anéantie. Je n'arrive pas à me comprendre moi-même. Je suis verrouillée, en loyauté à mon père, alors qu'il est mort depuis longtemps. Pour moi, c'est une manière de ne pas le quitter et d'attendre encore l'amour et la reconnaissance du père. Tout cela, je le sais. Je suis en grande souffrance affective mais qu'est-ce que j'y peux ? Je me lève le matin et je sais déjà que tout sera souffrance, comme si j'étais bannie, comme si j'étais emprisonnée dans une toile d'araignée et j'attends que l'on vienne me mettre à mort, j'attends désespérément et je souffre... Parfois, je me dis que la mort serait bien plus douce que cette mauvaise vie d'où je m'extirpe comme je peux. »

Comme les lamentations de Job ou de Jérémie, l'expression des douleurs de Joan est à accueillir complètement, sans jugement et sans restriction. Joan est sincère. Son désespoir est réel. Malgré sa bonne volonté et ses efforts, elle n'arrive pas à aller mieux.

> « Je suis en demande d'affection. Je ne m'aime pas, je n'arrive pas à prendre soin de moi. Je fais attention, je prends de bonnes résolutions mais ce n'est pas cela... c'est comme si je faisais semblant, comme si j'étais une élève bien appliquée qui récite bien sa leçon, mais il n'y a pas de ressenti de ce qui serait bon pour moi. J'aimerais tout envoyer balader. »

Joan reste fixée aux moments où son père, très violent, l'a humiliée et dégradée ; surtout, tout semble s'être arrêté ce jour terrible où il l'a renvoyée définitivement de la famille. Elle n'avait alors que 17 ans...

> « J'en veux tellement à mon père qui m'a mise plus bas que terre, je lui suis soumise, et je n'arrive pas à me relever tant que je suis à terre. Il est là avec son pied au-dessus de ma tête et je dois me taire, je dois faire bonne figure et je dois souffrir en silence. Il est tellement macabre dans sa manière de m'aborder. Comment puis-je expliquer à quel point j'ai été maltraitée par lui ? Je n'ai pas été battue, je n'ai pas été violée et pourtant ma souffrance est là et je n'y arrive pas. Je n'arrive pas à me déverrouiller, je le sais, c'est comme si tout le

travail de mémoire que je faisais, chaque fois, me plombait un peu plus et réveillait encore plus l'humiliation. Voilà le mot : je me sens humiliée et j'ai honte. »

Cette fixation de l'affliction sur un point crucial, un événement monumental qui présentifie la douleur ou le malheur endurés, est une donnée fondamentale de la plainte infinie. Ce *monument de la douleur* devient un temple au sein duquel la plainte prend la place d'un rituel liturgique, d'un office des ténèbres que le célébrant répète chaque jour.

Noirceur et nihilisme

Sur la demande insistante de son épouse qui ne supporte plus ses lamentations constantes depuis plus de trente ans, et après maintes tergiversations, César se résout à prendre rendez-vous auprès d'un professionnel qui lui a été conseillé. Habillé comme un adolescent rebelle et négligé, se disant jeune et physiquement irrésistible, même s'il a du mal à accepter de vieillir, César voudrait bien s'engager dans une psychanalyse et, en même temps, il ne veut pas. Il a peur de ce qu'il va découvrir, toute cette noirceur en lui, et peur des peurs de son épouse, par exemple qu'une psychanalyse ne débouche inévitablement sur leur séparation.

En butte à des problèmes de santé, le plus souvent imaginaires, César est sujet à des crises d'angoisse récurrentes concernant son corps, la maladie grave et la mort. Ces crises engendrent des peurs paniques d'une puissante intensité, pouvant aller jusqu'à le paralyser. Il a souvent très mal au dos et prévoit de se faire opérer. Une fois l'opération passée, il craint pour son cœur. Il consulte de nombreux cardiologues pour vérifier leurs diagnostics, bien qu'il n'ait confiance qu'en son propre jugement. Se fondant essentiellement sur sa lecture de pages et de discussions trouvées sur Internet, toutes plus alarmantes les unes que les autres, il est persuadé d'avoir de « graves problèmes cardiaques ». La plainte de César est continuelle et très alarmiste.

> « Le corps ne ment pas. Le problème, c'est mon nombrilisme obsessionnel et destructeur. Destructeur par le mal, le négatif qu'il répand. Il n'y a rien de constructif, rien qui fasse avancer. Ce n'est que du temps perdu, gâché, qui ne peut pas se rattraper. »

Dans la vie courante, César explique qu'il est très autoritaire, qu'il ne supporte pas que quelqu'un lui oppose un refus, le contredise ou, même, le contrarie. Il devient alors très violent, prêt à en venir aux mains et, plus souvent, se montre injurieux et dépréciatif.

« En réalité, mes délires agressifs ou existentiels sont l'expression de mon incapacité à me remplir et à me donner le sentiment d'exister autrement que par la violence et surtout par mes peurs. J'ai tout le temps peur d'être malade, de souffrir, de mourir. [Silence.] J'ai peur d'être heureux aussi... »

César se plaint d'être stressé et, paradoxalement, il apprécie et cherche cet état pour se sentir exister de façon plus évidente, du fait de l'intensité des sensations qu'il éprouve.

« J'aime aller mal. Je sens une puissante jouissance face à la douleur et à la peur. Je regarde des vidéos d'accidents. Cela renforce ma croyance que la vie est cruelle. [Long silence.] Je ne veux pas aller bien. Je ne mérite pas le bonheur qui m'est offert, je n'en suis pas digne. Je n'ai pas lutté pour l'obtenir, comme un héros mythologique, donc je pourris régulièrement ce qui est beau. »

Pour nombre de personnes prisonnières de leur conception d'elles-mêmes et d'un malheur auquel elles tiennent plus que tout, la volonté de ne pas aller bien est profondément ancrée, probablement depuis longtemps, et cette position subjective fondamentale semble inamovible.

« J'ai peur de disparaître et je ne sais pas pourquoi. Cette peur gâche ma vie. [Silence.] Je joue un rôle valorisant, un personnage factice : je joue au mec serein, détaché, tolérant. Je ne suis rien de tout ça. Je fais semblant d'être différent de cette chose absente et torturée que je suis trop souvent. Je n'ai pas de désir. Je ne vais jamais au bout de rien. Je détruis tout ce que je touche. »

Le pessimisme et le nihilisme[1] de César ne se limitent pas à une grande facilité délibérément entretenue de ne voir que le mauvais côté des situations, ils résident aussi dans sa volonté destructrice, voire dégradante, qui correspond à une forme de *fécalisation*[2].

Il est particulièrement intéressant de constater à quel point, comme en témoignent les exemples d'Ulysse, Joan, César, la lucidité sur soi-même ne modifie en rien l'irrépressible plainte, et n'influe nullement sur la façon d'être, de penser et de s'exprimer. Le patient et le thérapeute se heurtent à une forme d'aporie, ou même de butée, qui semble indépassable. Cela prouve que les prises de conscience ne permettent pas, à elles seules, la transformation réelle du sujet qui les effectue.

---

1. Le *nihilisme* désigne une doctrine philosophique selon laquelle absolument rien n'existe : toute réalité est niée. En pratique, le nihilisme correspond à la négation des valeurs morales et, même, de toute éthique.
2. La *fécalisation* est une action psychique, souvent accompagnée d'expression verbale, qui consiste à dénigrer une personne, une relation ou une situation en la dégradant, en la « salissant », par le fait de la considérer et de la désigner comme un excrément. Voir S. Tomasella (2015).

Nous pouvons également repérer des points communs essentiels dans les doléances de ces personnes. Leurs plaintes sont caractérisées par :

— Une *fixation* à double face, sur le corps malade et sur l'âme en peine ;

Une *répétition* invétérée, aussi rigidifiée qu'irrépressible ;

— Un *enlisement* du sujet dans une configuration qui lui fait horreur mais dont il n'arrive pas à s'extirper.

Du point de vue de la recherche clinique, il serait intéressant de réaliser une étude qui puisse élucider la corrélation entre les plaintes chroniques et des problèmes de santé inquiétants, voire invalidants. Nous aurions tous beaucoup à apprendre d'une telle investigation, autant le corps médical que les « psychistes[1] » et les patients eux-mêmes.

Notons que la fixation, la répétition et l'enlisement sont également de nature pulsionnelle. Nous y reviendrons au chapitre suivant.

L'irréparable outrage

César, qui apprécie de régner sur son entourage tout en donnant de lui une image qui lui est particulièrement favorable, a pu mettre en évidence la mise en place d'une « fausse personnalité », sorte

1. Ce terme désigne l'ensemble des professionnels du soin psychique: psychanalystes, psychiatres et psychologues.

de leurre qui donne le change face aux autres. Ainsi, certaines personnes plaintives ne le sont que dans certaines circonstances ou avec un nombre de gens très limité. Le reste du temps, elles font bonne figure. Elles font tout leur possible pour présenter d'elles-mêmes une façade d'hypernormalité, c'est-à-dire une normalité sociale sans faille[1]. Ce masque consensuel, aussi conventionnel qu'accommodant, paraît tellement irréprochable qu'il en devient irréel à leurs propres yeux. Elles seules, en effet, connaissent le subterfuge dont elles usent auprès des autres.

Nora, par exemple, ne gémit et proteste qu'auprès de sa fille et de sa meilleure amie. Elle a compris qu'il est inutile qu'elle le fasse auprès de ses sœurs ou d'autres personnes qui ont rapidement fait la sourde oreille à ses jérémiades. En séance, l'accueil bienveillant et l'écoute empathique du praticien ont encouragé Nora à déverser sans retenue ses motifs de mécontentement et une certaine façon de s'apitoyer sur son sort qui caractérise son discours ordinaire... Un peu plus de deux années après, plus apaisée, Nora a pu confier une tentative de suicide qu'elle avait mise en œuvre lorsqu'elle avait 13 ans, tant elle se sentait vide intérieurement, délaissée par deux parents complètement démissionnaires et impuissante face au

1. Il y aurait beaucoup à dire sur la prégnance insidieuse de ce « modèle gagnant », de type commercial ou électoral, qui affiche démonstrativement les critères idoines : mâle, jeune, blanc, riche, cynique et puissant.

chaos familial. À sa sortie de l'hôpital, constatant de nouveau l'indifférence complète des siens à son égard, Nora avait décidé de faire semblant d'aller bien, d'être heureuse et sans problème. Surtout, elle s'était mise à jouer les émotions que les autres attendaient d'elle dans telle ou telle circonstance. Ainsi a-t-elle pu développer l'art consommé d'une comédienne qui rit, pleure, fait mine d'être peinée ou choquée selon les cas.

Nous nous souvenons que la plainte est une *action*. Cette caractéristique est déterminante pour essayer de mieux en comprendre tous les aspects. Il s'agit d'une action sociale et relationnelle (externe) tout autant qu'une action psychique et, même, intrapsychique (interne) : de soi à soi-même autant que de soi envers les figures intériorisées de personnes importantes dans l'histoire du sujet (« imagos[1] » de ses parents, par exemple).

Se faire plaindre est une des nombreuses actions possibles de l'indignation qui sait se muer en réquisitoire, si nécessaire. « Je me fais plaindre » est une forme de chantage, plus ou moins discret, visant à utiliser la compassion des autres ou à les braquer contre un adversaire réel, un bouc émissaire affublé de torts imaginaires, ou une idée répréhensible.

1. Le terme *imago* a été proposé par C.G. Jung en 1911. Il désigne les représentations inconscientes des parents (et frères, sœurs) tels qu'ils ont été intériorisés par le sujet sous la forme d'«objets internes», c'est-à-dire de personnages psychiques.

Victime magnifique !

Très rangée, toujours habillée de façon impeccable, arborant un sourire conquérant en toutes circonstances, ou presque, le verbe haut et le discours très argumenté, Line est une femme à poigne, cadre dans un grand groupe de services.

Extrêmement critique et particulièrement observatrice, Line « ne laisse rien passer » et se définit volontiers comme « une femme exigeante et implacable ». À la suite d'une rivalité agressive particulièrement nourrie avec un collègue dont elle brigue le poste et qu'elle cherche à pousser à la démission en utilisant tous les moyens possibles et imaginables (ce qu'elle avoue sans la moindre gêne ni l'ombre d'un début de honte), le collègue visé porte plainte. Quelque temps plus tard, Line est convoquée au tribunal pour répondre de son harcèlement. Elle affirme avoir préparé un « dossier en béton » avec une avocate réputée pour être « redoutable et très vicieuse ». Line construit de toutes pièces une argumentation impitoyable contre son collègue, présenté sous les traits d'un « pervers manipulateur ». Ce dernier aura beau clamer son innocence et rappeler qu'il est, lui, la victime réelle du harcèlement de son ambitieuse collègue et du tissu de mensonges qu'elle affirme sans ciller, la mise en scène de fausses injustices séduit et fascine la magistrate, qui se laisse facilement convaincre...

À l'issue du procès, gagné en première instance, Line avoue sans vergogne qu'elle a utilisé ces mêmes procédés de *victimisation* lors de son divorce. Dans les deux procès, elle avait réussi à pleurer au bon moment, à attendrir la juge, à se faire plaindre et à présenter l'autre comme dangereux, en jouant la peur d'être agressée à la sortie de l'audience.

Au nom de l'amour...

De façon moins démonstrative et moins belliqueuse, la plainte peut être utilisée pour faire pression sur les autres ou les influencer favorablement. Ainsi, Aziz raconte l'enterrement d'un homme, mort en quelques semaines alors qu'il était encore jeune, au terme d'une maladie grave. Cet homme était particulièrement mal aimé, déconsidéré et rejeté, par son épouse et ses amies. Lors des funérailles, Aziz a été désagréablement surpris d'entendre des discours hypocrites et sirupeux, flattant officiellement la mémoire de cet homme et visant à faire croire à une prétendue affliction de la part de sa veuve. Aziz se sent très mal à son aise face à une plainte d'une telle fausseté. Il en a la tête qui tourne et se sent gagné par de forts écœurements. Il préfère quitter cette assemblée de tartuffes et se recueillir seul dans le silence.

Les personnes intuitives, très sensibles, ou vraiment à l'écoute de leurs sensations, peuvent percevoir les motivations réelles, peu amènes, se camouflant derrière les prétendues bonnes intentions des fausses doléances. John se souvient d'un collègue du club de sport qui se prétendait son meilleur ami. Un jour, suite à un léger désaccord, pour obtenir l'assentiment du reste du groupe, l'homme avait fait volte-face et s'était déclaré « outragé ». Il affirma avec insistance que, « après un tel affront et une offense aussi impardonnable », il ne pouvait plus accorder sa confiance à John et demandait aux autres de le suivre dans son ostracisme.

La *fausse plainte* possède son jargon caractéristique, son vocabulaire accentué, sa rhétorique efficace, et l'on sait à quel point elle peut atteindre son but : la triste histoire du capitaine Alfred Dreyfus, accusé à tort d'espionnage en 1894, en est une célèbre illustration.

Racine, qui connaissait l'art de la plainte tragique plus que tout autre, ne manque pas de finesse et d'ironie lorsqu'il fait dire à Narcisse, le spécieux gouvernant du jeune empereur Britannicus : « Tandis qu'on vous verra d'une voix suppliante / Semer ici la plainte et non pas l'épouvante, / Que vos ressentiments se perdront en discours, / Il n'en faut pas douter, vous vous plaindrez toujours[1]. »

Triste constat : Narcisse, perfide conseiller à la solde de Néron, recommande à Britannicus

1. J. Racine (1697), *Britannicus*, I, IV.

l'épouvante plutôt que la plainte. Par le discours plaintif, il n'obtiendra rien de valable. Selon lui, seule l'action terroriste – qui consiste précisément à semer la terreur – mérite d'être engagée, car elle est la seule à être suivie d'effet !

La violence de l'injustice tue

Lorsque l'injustice est tue, la plainte gardée pour soi peut même se muer en vengeance contre ceux qui exhibent avec désinvolture ou arrogance des biens convoités par d'autres moins fortunés qu'eux. Ce peut être le cas de la richesse, à l'instar de Tom Ripley, le héros usurpateur et meurtrier de l'auteure américaine Patricia Highsmith, doué de grands talents d'imitation[1]. Dans une moindre mesure, et sans aucune intention de meurtre, la vigoureuse volonté de revanche sociale est aussi pour Jay Gatsby un moyen indirect de dénoncer l'injustice et de tâcher de reconquérir Daisy, la jeune femme qu'il n'a pu épouser du fait de ses origines sociales trop modestes[2].

Gatsby consacre tout son temps, son intelligence et son énergie à se construire une nouvelle

1. P. Highsmith (1955). Le roman a été porté à l'écran en France par René Clément en 1960 (*Plein soleil*) et aux États-Unis par Anthony Minghella en 1999 (*The talented Mr Ripley*).
2. F. Scott Fitzgerald (1925). *The Great Gatsby* a été adapté six fois pour le cinéma entre 1926 et 2013.

identité, une histoire améliorée et une immense fortune par le biais du commerce d'alcool en pleine période de prohibition. Il s'achète un immense château sur l'île de Long Island, non loin de New York, et donne des fêtes plus somptueuses les unes que les autres pour impressionner Daisy. Lorsqu'il peut enfin la revoir, il met tout en œuvre pour la convaincre de quitter son mari et de l'épouser, lui. Malgré tous les efforts qu'il déploie, la reconquête de Daisy tourne à la tragédie. Gatsby connaîtra de nouveau les brûlures de l'injustice. Il est notamment désigné, sans preuves, et à tort, comme le responsable d'un accident de voiture, puis assassiné en représailles par le mari de la victime...

L'immense force poétique et dramatique du merveilleux roman de Fitzgerald réside dans une réflexion sur le temps, qui constitue la toile de fond de tout le récit. Nous sommes immanquablement reliés à notre passé, il influence imperceptiblement notre existence, et, « comme des barques luttant contre le courant », nous y sommes sans cesse ramenés.

Voici une clé majeure de la plainte sempiternelle, donc *in-finie,* qu'elle soit exprimée ou non. L'outrage irréparable est bien celui du temps qui passe et ne reviendra plus[1]. La complainte accompagne une nostalgie inconsolable et indépassable

1. J. Racine (1691), *Athalie,* II, V: « Pour réparer des ans l'irréparable outrage. »

du paradis perdu. Que cette nostalgie soit consciente ou inconsciente ne change rien à la puissance farouche et obstinée qu'elle confère aux lamentations. Nous allons nous y intéresser de plus près...

6

UNE PLAINTE ENRACINÉE ?

« Regarde quelle est ta propre part au désordre dont tu te plains. »
Sigmund Freud,
Fragments d'une analyse d'hystérie.

L'incitation à porter un regard sur sa propre part au malaise exprimé constitue le début d'une nouvelle étape dans le cheminement vers le mieux-être et, surtout, la connaissance de soi. Elle est représentative de la démarche entreprise par les patients pour comprendre les motivations de leur plainte. Cette recherche prend parfois l'allure d'une énigme à élucider.

À quelques exceptions près, nos parents, nos sœurs, nos frères, nos professeurs, nos collègues, nos amis, nos voisins nous jaugent et nous jugent. Sans compter nombre de personnes qui se méjugent elles-mêmes. Nous sommes en procès permanent, tant les accusations et les condamnations prennent de place dans notre quotidien, même si nous n'y faisons même plus attention ou que ces jugements sont exprimés sous la forme dérivée de critiques, de reproches, de revendications, plus rarement sous la forme de plaintes aussi. Lors d'une séance, Jessica se rend compte qu'elle a tellement eu l'habitude d'être mal considérée par sa famille et de se croire sans cesse coupable qu'elle est – presque – « soulagée » lorsqu'elle peut exprimer une souffrance visible et irréfutable.

> « J'ai l'impression de devenir enfin un peu respectable, que le flot de reproches va s'arrêter et que je vais peut-être même sembler plus ou moins intéressante », confie-t-elle, émue.

L'amorce d'une plainte ou la simple mise en évidence d'un malaise permettraient-elles de relâcher une tension psychique ?

Le plus souvent, la plainte sincère est peu exprimée. Elle est réservée à une personne proche, à un praticien (médecin, thérapeute), ou à soi-même. À l'opposé, il n'est pas rare que les récriminations et les protestations bruyantes, à visée démonstrative, soient des moyens de pression sur autrui, voire de domination ou de manipulation. Elles se parent alors du masque favorable de l'affliction. Nous y viendrons bientôt. Pour l'instant, intéressons-nous aux racines de la plainte.

L'image des racines exprime à quel point les lamentations récurrentes sont installées depuis longtemps, comme une façon d'être ou de se relier à l'autre, ou simplement de communiquer avec lui. Il serait alors tentant, et peu rigoureux, de prétendre qu'il s'agit d'une hérédité génétique, ou d'un tempérament, d'un caractère, voire d'une « structure ».

Revenons sur cette dénomination. Même si le terme « structure » pouvait paraître adéquat pour définir un être humain dans toute sa complexité subjective, et même si une telle organisation correspondait à une structure adaptative et défensive de l'individu, en aucun cas une telle construction psychique ne pourrait engendrer ou expliquer la tendance à maugréer et à gémir. Cette dernière exprime en fait une *position subjective* : elle est la manifestation apparente d'une posture psychique latente, qui tâche de venir compenser un déséquilibre.

Le plus souvent, ce déséquilibre cherchant une issue dans la plainte découle :

— D'une *insatisfaction* ponctuelle ou d'une difficulté durable à se contenter de la réalité telle qu'elle est, à se sentir heureux de vivre, ou encore de regrets lancinants ;

— D'un *manque* réel, par exemple un manque d'amour, de considération, d'attention, de reconnaissance, ou tout autre manque. Il peut aussi s'agir de la simple impression persistante d'un manque ;

— D'une *perte* douloureuse (mort d'un proche, séparation amoureuse, licenciement, déménagement, etc.) ou de la menace plus ou moins réelle et pressante d'une perte à venir ;

— D'un *changement* profond tenu pour irréversible (une maladie, un handicap, une faillite financière, et pour tout un chacun les évolutions pénibles liées au vieillissement).

Plus fondamentalement encore, la présente enquête et plusieurs années de recherches sur un tout autre thème nous ont aidé à découvrir qu'une complainte est fréquemment l'expression indirecte, à la fois condensée et déplacée, d'un *bouleversement de la relation au temps* du fait d'une catastrophe passée qui ne sait se dire autrement[1].

Le temps figé de la plainte

Pour le sujet, attester de l'impossibilité de se satisfaire de l'existence telle qu'elle est, ou telle qu'elle est devenue, permet de constituer un *mémorial* inconscient de ce qui ne peut être complètement passé sous silence (la catastrophe) sous peine de devenir un individu « normal », « passe-partout » et « sans histoire », c'est-à-dire de sombrer dans l'indifférence et l'indifférenciation de l'anonymat. Aucune « structure », donc, dans ce mouvement héroïque soutenu de toutes ses forces psychiques

1. S. Tomasella (2016).

et maintenu quoi qu'il arrive, mais le courage de sauver de sa propre subjectivité ce qui peut l'être encore.

Notons qu'à l'instar de certains fondamentalismes psychanalytiques défendant une conception rigidifiée autour de la notion de « structure », les idéologies comportementalistes et cognitivistes risquent fort, elles aussi, de faire l'impasse sur le sujet, sa dynamique, son histoire, son devenir et ses capacités d'évolution, entendues ici comme possibilités d'émancipation et de désaliénation. Nous rejoignons précisément autant l'intuition freudienne inaugurale que la pratique d'une psychanalyse à l'écoute et au service du sujet, mise en œuvre par des cliniciens respectueux comme Ferenczi, Balint, Winnicott, Torok...

Pour préciser et mieux comprendre cette métamorphose de la relation au temps, revenons sur quelques exemples précédents.

Être un enfant choyé

Ulysse n'est pas un homme plaintif dans le quotidien de sa vie. Il a pu remarquer qu'il lui arrive d'être irritable et de se sentir plus facilement contrarié lorsqu'il est fatigué, mais il gémit rarement. Il réserve ses doléances au psychanalyste, parfois à sa lointaine compagne et, lorsqu'il est souffrant, aux médecins qu'il consulte. Récemment, s'apercevant qu'il lui arrive souvent d'éprouver une vive jalousie lorsqu'il craint que Nausicaa puisse être intéressée par un autre homme, il a voulu savoir si son père était également jaloux.

> « J'ai parlé à ma mère concernant d'éventuelles infidélités de leur part. Mon père était très jaloux. Ma mère m'a dit l'avoir trompé une fois lorsque sa jalousie devenait insupportable. Avant qu'ils ne se séparent officiellement par le divorce, ils vivaient chacun de leur côté en cherchant à se reloger, c'était déjà fini entre eux. Mon père avait eu une aventure durant cette période. »

Ulysse se demande si cette jalousie lui appartient, si elle le concerne vraiment, ou si elle n'est pas avant tout celle de son père. Cela l'aide à se détendre avec Nausicaa. Quelque temps plus tard, essayant de comprendre pour quelles raisons il se sent continuellement insatisfait, il commence à retrouver des souvenirs difficiles de son enfance.

> « J'ai repensé à mon enfance. J'ai vécu de nombreuses années en HLM. Toutes les communautés se côtoyaient. J'ai vu de nombreuses bagarres très violentes à coups de couteau, croisé le chemin de sadiques qui rôdaient autour des écoles, j'ai vu des chiens enragés, des chats de gouttière énormes, bourrés de puces, mais le pire de tout, je crois, en matière de souvenirs, était notre voisin de palier, un alcoolique avec un grand A. Il buvait tellement

qu'il en devenait fou. Régulièrement, il mettait toute sa famille dehors. Elle venait se réfugier chez nous, puis il s'enfermait à double tour et ouvrait la bouteille de gaz, ou encore poursuivait son chien dans l'appartement avec un couteau de cuisine. Les policiers et les pompiers intervenaient, venaient chez nous et passaient ensuite par notre balcon pour pénétrer dans l'appartement du voisin afin de le maîtriser. On avait tous tellement peur. Je devais avoir entre 8 et 13 ans, je pense. »

Ulysse raconte ces épisodes de façon distante, avec peu d'affects apparents.

« Lorsque je suis devenu adolescent, je me suis mis à fumer beaucoup de cannabis. Cela me rendait confus. Je me sentais paumé durant cette période. Un copain était devenu punk, un vrai, qui dort où il peut et mange ce qu'il trouve dans la rue. J'ai aussi eu une copine qui avait été enlevée pendant trois jours. On l'a revue par la suite brûlée à la cigarette et violée. Elle n'avait pas de souvenirs. Par la suite, je me suis dit qu'une forme de GHB[1] devait exister à cette époque. »

Cette période d'enfance et d'adolescence a profondément marqué Ulysse, et influé sur sa

1. Nom d'une drogue utilisée par des criminels pour endormir leur victime et abuser d'elle pendant qu'elle est complètement inconsciente. (Ulysse, qui souhaite rester discret, exerce un métier en lien avec la justice.)

conception pessimiste de l'existence et sa vision du monde jusqu'alors désenchantée.

> « C'est vrai que je découvre un lien entre ce que j'ai vécu et mon sentiment d'insécurité, ma peur d'être abandonné, et mes problèmes de santé. »

Le temps passe. Ulysse se rend compte qu'il parle beaucoup moins de Nausicaa et de sa santé. Pour la première fois, il est content de partir en vacances avec son fils et ne se sent pas dépassé par les événements. À son retour, plus détendu qu'à l'accoutumée, Ulysse commence à se remémorer certains épisodes douloureux de sa petite enfance, notamment de nombreuses moqueries et brimades subies à l'école. Il avait un nom qui prêtait à rire ; il en a changé depuis. Il avait aussi des dents proéminentes et mal alignées, dont une cassée lors d'une chute, qui lui avaient valu de nombreux sobriquets déplaisants.

Au fil des mois, Ulysse comprend qu'il vit *hors du temps*. Il n'a pas grandi. Il est resté – au tréfonds de son être – un enfant, un tout petit garçon, qui aurait tellement aimé être choyé. Il ne s'est jamais plaint de rien, a constamment obéi à ses parents, les a considérés comme de bons parents, et présentés comme tels, mais il sent à quel point il a manqué d'attention, de tendresse et d'affection. Ulysse pleure à chaudes larmes. Ses lamentations d'adulte en décalage avec le temps présent n'étaient pas sans raison : elles étaient la trace vivante en lui de son espoir d'être un jour cajolé, de son attente d'être chouchouté ou dorloté comme l'est un enfant. Un beau sourire illumine le visage jusque-là si grave d'Ulysse. L'horizon s'est ouvert. Ce jour-là, il quitte le cabinet du psychanalyste avec une légèreté nouvelle dans sa démarche...

« Je voudrais tout recommencer »

Désormais, Joan ne se plaint plus à personne. Elle a essayé pendant longtemps de se faire entendre de sa famille. Elle n'y est pas parvenue. En société et au travail, elle arrive à mettre ses difficultés à distance : « Je n'en parle pas, je ne les montre pas. » Elle délaisse certains amis parce qu'elle les trouve « superficiels » et considère qu'ils « parlent de choses futiles ». Joan a l'impression d'être en décalage, de s'enfoncer dans la solitude. Elle se sent tiraillée : elle dit qu'elle a besoin de voir sa mère et, en même temps, elle ressent beaucoup de violence contre elle, elle la déteste. Pendant ses années d'enfance, sa mère lui racontait tout ce qui n'allait pas chez son père ou dans leur relation. Elle se plaignait sans arrêt. La plainte de sa mère l'écrasait.

> « J'ai gardé tout cela en moi. Aujourd'hui, lorsque je souhaite lui en parler, elle m'en empêche. Je vois les verrous d'une prison. Je suis

enchaînée à la plainte de ma mère. Elle m'enferme dans le passé. [...] J'ai tellement de colère contre ma mère, elle ne m'apportera jamais ce que j'attends. Je n'arrive plus à parler avec elle, c'est un dialogue de sourds. »

Joan envie ses frères et son cousin. Ils sont heureux. Ils ont une bonne relation avec leurs enfants. Lorsqu'elle leur parle des difficultés qu'elle a vécues avec son père, eux aussi sont complètement fermés. Ils ne veulent pas entendre parler du passé. Ils lui assènent, chaque fois, la nécessité de « tourner la page », or c'est exactement ce que Joan ne veut surtout pas : oublier le passé, faire comme si de rien n'était, comme si elle n'avait pas souffert.

« Je ne sais pas quoi faire de ma vie. Je suis là mais je ne sais pas pourquoi. La seule chose qui m'intéresserait serait de *remonter le temps*, de revenir en arrière, vers 10 ou 11 ans, et de tout revivre, pour tout faire différemment. Je ne mettrais pas ma vie entre parenthèses. Je vivrais ma vie à moi, sans me préoccuper des problèmes permanents de mes parents, sans tenir compte de leurs difficultés... J'ai tellement de regret, j'ai une vie de regrets. »

Joan a besoin d'être comprise, elle voudrait tant l'être. Elle ne peut parler qu'à son psychanalyste de ce souhait de « remonter le temps », pour vivre une vraie vie d'enfant et de jeune fille. Joan bute sur son passé malheureux. Elle est continuellement hantée et tourmentée par l'inaccompli, « le pire des remords » selon Marguerite Yourcenar.

Pour Nora, Line, Medhi, César et d'autres, le fait de se tenir hors du temps, que ce soit en restant dans le passé ou en récusant l'avenir, signe du temps qui passe, était une façon d'éviter de se confronter au réel inévitable de la finitude et de la mort. De même, Aziz refusait d'être amoureux et passait d'une femme à une autre, tout en se lamentant d'être encore célibataire. « C'est bête de tomber amoureux », affirmait-il, encore peu conscient qu'il produisait lui-même ce malheur dont il se plaignait si âprement.

À rebours des ritournelles médiatiques et des discours consensuels, il est possible que la grande mode de « l'instant présent » soit également une manifestation du *refus du temps qui passe* à l'échelle de sociétés marchandes qui posent le bien-être permanent et la jouissance continuelle comme des prédicats pour assurer la croissance de leurs revenus. Là encore, nous pouvons constater, comme Freud l'avait déjà esquissé, à quel point la culture produit son propre malaise en édictant des règles de « fonctionnement » qui conditionnent les aspirations des individus, donc attisent ou restreignent leurs mouvements pulsionnels, tout en leur faisant croire que ces contraintes sont nécessaires[1].

La plainte comme instrument

Il y aurait encore beaucoup à dire sur les particularités de la relation au temps qui sous-tendent le penchant à se lamenter, nous continuerons à y prêter attention. Gémir peut également être un moyen efficace pour obtenir ce que l'on veut, en activant la compassion d'autrui, si ce n'est en réussissant à induire en lui une forme sournoise de culpabilité.

Hélène n'en peut plus :

> « J'ai déjà ma collègue au travail qui me soûle avec ses jérémiades, ma mère m'empoisonne aussi la vie avec ses pleurnicheries habituelles ! Maman nous a toujours dominés en se plaignant. Mon frère et surtout moi, nous avons tout le temps peur de ne pas en faire assez pour elle. C'est vraiment la reine mère, l'impératrice capricieuse qui obtient ce qu'elle veut en nous rendant coupables de ne pas l'aider suffisamment ou de ne pas lui accorder assez d'attention... Chaque jour, je me promets de lui tenir tête, de l'appeler plus rarement, de la voir moins souvent, mais je n'y arrive pas ! »

1. Depuis plus d'une décennie, le terme « incontournable » est un de ces mots injonctifs qui cherchent à imposer l'illusion que les contraintes générées par la mondialisation sont « normales » et inévitables.

De nombreuses personnes sont confrontées à ce type d'individus pour qui *se (faire) plaindre* est utilisé comme instrument de domination et de manipulation, donc de pouvoir.

L'inacceptable défaillance

La plainte, même rare, peut surgir lorsqu'un individu cherchant à être « parfait » ou « irréprochable » se trouve face à ce qu'il considère, selon ses critères ou ceux de son groupe d'appartenance, comme une défaillance inadmissible. Par exemple, certains groupes sont convaincus d'être dotés d'une *supériorité* qui les placerait « au-dessus » des autres. Une personne qui adhère à une telle conviction vit ses relations entre position de surplomb (soi) et place de subalterne (autrui). Cette mythologie, ou cette construction fantasmatique, produit un décor en trompe-l'œil : la personne ou le groupe consacrent une grande énergie à (se) faire croire qu'ils sont incomparables, meilleurs, inattaquables, inimitables, distingués, etc. La plainte dans le groupe survient lorsqu'un événement ou une personne vient démentir cette prétendue suprématie, ou plus simplement aussi parfois lorsqu'un membre est déçu par lui-même ou lorsque la pression de l'excellence pèse trop fortement sur lui.

Depuis longtemps, Maxime fait face à la plainte. Elle est devenue une énigme pour lui. Lorsqu'il était enfant, s'il pointait une injustice flagrante, il était aussitôt traité de Calimero par son entourage. Ses parents lui demandaient de ne pas se plaindre. Lorsque, petit garçon, Maxime pleurait, son père lui interdisait la moindre larme sous prétexte que « les garçons ne pleurent pas ». Plus tard, il lui assénait avec la même intransigeance : « Qui es-tu pour pleurer ? » Aujourd'hui, Maxime constate :

> « Dans l'ensemble, je crois que j'ai plutôt bien réussi à éviter de me plaindre, même dans les moments difficiles. Pourtant, dans certaines circonstances, je n'arrive plus à garder pour moi les griefs que je tiens enfermés. J'ai l'impression d'un barrage qui saute, d'une digue qui lâche tout d'un coup. Cela sort de moi de façon volcanique et je me sens très coupable après. »

En prenant le temps d'observer plus précisément les circonstances dans lesquelles Maxime exprime, malgré lui, une révolte longtemps contenue, il fait une découverte importante, bien que plutôt désagréable.

Lorsque Maxime voit ses enfants ou l'un d'eux à la suite d'une réunion familiale à laquelle il n'a pas pu participer, il perçoit en eux une forte tension, une sorte de composé d'énervement et d'excitation forcée. Après l'avoir remarqué à plusieurs reprises, il se rend compte qu'il est lui-même envahi par ce mélange de tension, de nervosité et d'euphorie artificielle. Cela le perturbe et le rend dur, voire provocateur. Immanquablement, ce niveau de pression interne influence la relation avec les autres et un conflit avec un membre de la famille, quel qu'il soit, ne tarde pas à éclater. Après la réunion familiale, Maxime se sent penaud, abattu et se promet de rester calme la prochaine fois, ou d'éviter sa famille.

Le système familial de Maxime, fondé sur la croyance d'appartenir à une élite, entretient un complexe psychique et relationnel entremêlant impression de grandeur et énergie conquérante, sur fond de malaise et de piètre estime de soi. Lorsque Maxime, ou l'un de ses enfants, est immergé dans sa famille, il est très rapidement gagné par la puissance sous-jacente de ce système. Toute personne qui n'y adhère pas complètement est d'ailleurs rejetée. La plainte vient alors mettre en évidence la faillite intolérable du système. Elle clame l'ingratitude ou l'indignité de ceux qui ne veulent pas participer à la vie familiale... Maxime comprend mieux dans quel tourbillon il était happé.

> « Dans ma famille, la seule plainte autorisée est celle qui défend le clan. Elle est une façon de dire : le monde ou les autres ne sont pas à la hauteur de l'idée grandiose que je me fais de moi-même et de l'univers brillant et édifiant dans lequel je voudrais habiter. Cela veut dire que le clan familial se croit parfait et éprouve un fort ressentiment envers

toute personne qui se permettrait d'affirmer le contraire ! »

Quelquefois, il ne s'agit pas d'un clan tout entier, mais d'un seul individu. Soraya raconte comment son ex-mari rêvait qu'il était « l'empereur du monde ». Elle ne fut pas surprise d'apprendre que, venant d'emménager dans une capitale européenne, il avait fait croire à ses nouvelles connaissances qu'il était un prince dans son pays d'origine. Lorsque ses enfants, adultes, venaient le voir pour quelque temps, il se débrouillait pour éviter tous ses nouveaux amis, afin que sa supercherie ne soit pas découverte. Bien que pouvant être délicieux et très accommodant en société, cet homme de nature maladive était un grand plaintif, réservant ses gémissements incessants à son cercle intime...

Reproches ou lamentations ?

Nous venons de voir que certains environnements souhaitent limiter ou éliminer l'expression de l'injustice ou de la souffrance. Il est courant d'y entendre des réprobations mi-sérieuses, mi-amusées cherchant à faire obstacle aux doléances et autres protestations, ou même à la sincérité. Par exemple : « Faut pas rêver ! », « Cache ta joie ! », « Sèche tes larmes ! Tu vas me faire pleurer ! », « De quoi te plains-tu ? », etc. En fait, l'authenticité semble trop risquée pour un système qui surveille et contrôle la communication, y compris pour éviter l'éventualité de l'angoisse ou de la souffrance. Pour autant, ces environnements ne sont pas exempts de certaines formes de fausses lamentations qui se révèlent être de vrais reproches. Les plaintes apparentes ont alors des visées défensives, comme pour la mère de John, qui exprime ses doléances d'une façon bien particulière... L'épouse de John, surprise par l'extrême pauvreté de communication et l'absence de sincérité dans la famille de son mari, l'a aidé à ouvrir les yeux sur l'utilisation de la plainte qui y a cours. Surtout mise en œuvre par la mère de John, cette tactique – peut-être inconsciente – consiste à se lamenter pour attirer l'attention sur un autre que soi et éviter les échanges profonds, qui exigent plus d'implication personnelle. John explique :

> « Ma mère a la fâcheuse habitude de critiquer la personne qui vient de sortir de table ou de quitter la pièce. Elle le fait systématiquement. Elle donne l'impression qu'elle ne peut vraiment s'exprimer que si la personne dont elle parle n'est pas là. D'ailleurs, ce qu'elle dit sur les autres est rarement sympathique. J'ai fini par comprendre qu'elle fait la même chose me concernant lorsque je suis absent, même pour quelques minutes. Au fil des années, certaines personnes m'ont fait part de la façon réellement abusive dont elle se plaint de

moi dans mon dos. Je l'ai vue faire pareil concernant mon père pendant toute mon enfance et mon adolescence. »

Les lamentations peuvent servir à couvrir une faute ou à camoufler une responsabilité. Le psychanalyste est coutumier de certains patients qui accusent leur conjoint ou de certains parents qui chargent leur enfant, en le rendant responsable des problèmes familiaux pour que le praticien, l'entourage, l'enseignant ou l'assistante sociale ne puissent pas se douter des désordres réels existant au sein du couple ou de la famille.

Certains individus ou groupes se caractérisant par une absence apparente de plainte sont particulièrement acerbes, féroces et virulents dans leur tendance à la critique. En fait, de nombreuses critiques sont des plaintes déguisées. La prohibition des lamentations génère et entretient la critique, le reproche et le mépris, autant que la moquerie.

Depuis qu'elle est petite fille, Antoinette ne supporte pas l'injustice. Son métier d'infirmière la confronte à de nombreuses situations injustes. Sa force d'âme lui permet de prendre fermement position pour ne pas se laisser envahir par l'exaspération, et pour mettre fin à des comportements iniques.

« Je trouve que se moquer de quelqu'un dans son dos est aussi une injustice. Ce matin, en faisant mes courses, j'ai entendu deux hommes du magasin se moquer d'une de leurs collègues un peu grosse qui venait de passer. Cela m'a révoltée et je le leur ai dit. Les femmes en font autant lorsqu'elles médisent entre elles et rient des défauts des autres. Maintenant, je ne laisse plus passer ces moqueries. Je dis ce que je pense. Je ne veux plus être complice d'aucune injustice. »

Si la plainte peut être comparée à un arbre fort de nombreuses racines, il s'ensuit qu'elle s'éteint rapidement sans la sève qui la nourrit. Cette sève est de nature pulsionnelle.

Un tourbillon pulsionnel

À la limite entre *soma* – corps – et psyché, la pulsion est une énergie qui donne toute leur puissance aux actions psychiques caractérisant les êtres humains. Fantasmer requiert de l'énergie, tout comme le font le désir et l'angoisse. Se protéger d'un environnement difficile ou se défendre contre ses propres tourments en exige également. Nous avons découvert que la plainte est une action : même si elle n'est pas un geste à proprement parler, elle a besoin d'être alimentée en énergie. De surcroît, à la recherche d'une satisfaction principalement inconsciente, la pulsion est aussi caractérisée par la réitération des mouvements psychiques qu'elle alimente. Qu'il s'agisse de plainte ou d'une autre manifestation pulsionnelle, comme une dépendance ou une forme de boulimie, par exemple, il est très ardu de mettre fin à un engrenage pulsionnel[1].

L'incendie ou l'urgence

Le déchaînement des pulsions peut ressembler à un fleuve qui déborde, à un feu qui se répand irrésistiblement ou à une fièvre envahissante.

Préparant un déménagement, Heidi prend conscience qu'elle est prise dans une frénésie qu'elle n'arrive plus à calmer. Elle se précipite sans raison, happée dans une course en avant. L'angoisse la gagne et elle commence à maugréer, comme à son corps défendant. Elle a même du mal à se reconnaître.

Les récriminations peuvent être une façon d'expulser des peurs hors de soi ou d'apporter un soulagement momentané à une forte tension intérieure. On peut parler de décharge pulsionnelle, ou de défoulement, en termes moins techniques. Lorsqu'elles deviennent une habitude, voire un automatisme, elles correspondent alors à un mode d'expression et de relation avec les autres, comme si se plaindre était devenu une façon privilégiée de faire baisser le niveau de

1. N'oublions pas que les pulsions sont allumées, attisées et entretenues par les affects et les fantasmes.

pression interne, par une sorte de réflexe auto-conditionné.

La satisfaction inconsciente apportée par la plainte repose sur un certain nombre d'avantages qui en découlent : malgré les apparences, gémir peut se révéler profitable. Par exemple, pour une personne très fragile, plutôt que d'exprimer sa détresse ou de montrer son désarroi, protester répétitivement peut aider à garder enfouies des souffrances indicibles. Ici, « indicible » ne signifie pas qu'il soit interdit, ou même impossible, de les nommer, mais que les exprimer semble trop pénible ou risque de se révéler trop douloureux. Paradoxalement, dans d'autres situations, les jérémiades ou les réclamations sont un premier essai maladroit du sujet, qui voudrait pouvoir exprimer plus ouvertement ses souffrances. Enfin, la fixation de la plainte perpétuelle constitue un barrage intérieur rassurant contre le risque d'effondrement (réel ou craint), pour qui se sent à bout de forces.

Plainte sans fin ou plainte avec fin ?

Est-il inévitable de maugréer, protester ou récriminer ? L'insatisfaction est-elle constitutive de tout être humain ? La plainte est-elle, que nous le voulions ou non, intrinsèque à notre nature ? Peut-on vraiment décider d'arrêter de grogner, de râler et de se plaindre ? Si oui, comment ? Est-ce rapide ? Est-ce facile ? Est-ce définitif ?

Comme Freud y exhorte, chacun pourra avantageusement répondre à ces questions pour lui-même. Dans son journal, André Gide propose une piste possible : « Si, avec tout ce que nous avons, nous ne savons pas encore être heureux, c'est que nous nous faisons du bonheur une idée fausse. Quand nous aurons compris que le secret du bonheur n'est pas dans la possession mais dans le don, en faisant des heureux autour de nous, nous serons plus heureux nous-mêmes[1]. » Voyons comment certains patients ont pu y apporter leurs propres réponses.

Ainsi, lorsque Joan est confrontée à de graves difficultés qui mettent son entreprise en péril, à tel point que le comptable craint un dépôt de bilan, elle se jette à corps perdu dans la mêlée, elle livre une bataille acharnée ; elle lutte avec opiniâtreté. Au cours de cette période critique, elle prend conscience qu'elle ne se plaint plus, que ses griefs anciens sont devenus secondaires et superflus, comme une vieille peau qui se dessèche et qui tombe. Joan mue, surprise par sa métamorphose...

D'autres personnes ont connu l'étonnement d'une transformation profonde qui se révèle un beau matin, après une lente préparation dans les méandres de l'inconscient.

Un jour, en séance, Jessica mentionne des rêves récents. Parmi eux, elle en choisit certains dont les

1. A. Gide, *Journal 1889-1939*, le 2 janvier 1928.

colorations et les thèmes sont nouveaux. Avant de les raconter, elle explique :

> « Je ne veux plus parler des rêves sur les épreuves de mon enfance, des cauchemars qui me rappellent ma famille. Ils sont complètement derrière moi. »

Lors d'une rencontre ultérieure, Jessica confirme que son choix de délaisser une histoire malheureuse dont elle a pu se plaindre longuement est le signe d'un passage vers une nouvelle façon de se considérer et d'exister, en référence à elle-même, libérée de son passé douloureux...

Pour d'autres encore, il s'agit d'ouvrir l'horizon de leur pensée, de se dégager d'une réflexion en boucle, obtuse et lancinante, comme enfermée dans une impasse. Dans tous les cas, passer de *laplainte* à une expression plus libre et plus subjective requiert non seulement de « changer de discours[1] », mais surtout d'accepter de s'affirmer autrement.

Pendant très longtemps, Antoinette aurait bien voulu « sécuriser » son existence, la mettre à l'abri des aléas et des imprévus, des déceptions aussi. Elle se plaignait chaque fois qu'elle vivait une situation qui sortait du cadre de cette sécurité

1. « Laplainte », en un seul mot, est un clin d'œil à « lalangue » comme discours non conscient, selon J. Lacan. Pour ce dernier, entre autres bénéfices, une psychanalyse aboutie permet au patient de *changer de discours*...

sans faille qu'elle voulait absolument garantir à chaque moment de son quotidien. Au terme d'un long périple, elle comprend et accepte enfin que la sécurité n'existe pas et que rien ne peut l'assurer.

> « Je lâche le connu, même si cela me fait encore peur, affirme-t-elle. Je ne veux plus me crisper et garder le contrôle sur les événements, le pouvoir sur les autres. Je veux vivre et accueillir ce qui vient. »

De fait, la plainte récurrente d'Antoinette a pris fin.

Les situations humaines sont tellement variées qu'il est impossible de les ranger dans quelques catégories schématiques. Certaines personnes délaissent leur exigence de bien faire pour simplement souhaiter faire de leur mieux, en fonction de leurs possibilités du moment ; d'autres préfèrent aller se promener dans la nature ou marcher en montagne ou encore faire des bouquets ! Chacun trouve, à sa manière, les ressources qui l'aident à lâcher le besoin de se plaindre et à découvrir d'autres façons de s'exprimer.

Ce détour par les racines de la plainte nous a permis de mettre au jour les mécanismes souvent inconscients qui l'entretiennent. Nous avons identifié cette sève qui, depuis l'enfance, ne cesse d'alimenter le mal-être latent. Nous allons poursuivre maintenant notre exploration du sentiment d'injustice éprouvé par Calimero, car il constitue l'une des motivations principales de son indignation. Heureusement, nos patients le constatent et en font l'expérience : la plainte, comme le sentiment d'injustice, n'est pas inexorablement enracinée...

7

DE QUOI SOUFFRES-TU, PAUVRE ENFANT ?

> « Ce qui n'est pas nommé n'existe pas. »
>
> Jacques Lacan.

Quelle est la trame sous-jacente au sentiment d'injustice ? Telle est la question à laquelle nous allons tenter de répondre. Ce type de questionnement, ou d'exploration en profondeur, constitue, à notre avis, l'enjeu crucial de notre recherche, et de tout parcours initiatique. Il passe par une étape essentielle, que les chamanes appellent « épreuve du seuil ». Cette expérience consiste à accepter, ou non, de passer le seuil au-delà duquel une vérité profonde sera découverte, permettant de comprendre la réalité autrement, dans une vision plus globale. Plus simple, le langage ordinaire parle de prendre du recul ou de la hauteur. Dans ce type de circonstances, certaines personnes choisissent d'ailleurs de se retirer dans un lieu loin du monde, particulièrement tranquille, voire complètement silencieux, pour faire le point sur elles-mêmes et sur leur existence, parfois aussi pour prendre une décision.

Revenons à Calimero lui-même. Le petit poussin représente un tout-petit ou un enfant en bas âge, donc la réalité de l'existence infantile. Pour désigner cette condition, il existe un mot précis et utile, auquel nous allons avoir recours. Notons en passant que, très souvent, les mots utilisés par les psychistes sont repris puis utilisés avec une connotation négative, péjorative, voire moralisatrice. Ce phénomène est très dommageable, car le but de ces termes est de désigner le réel tel qu'il est, uniquement le réel, sans a priori et sans jugement.

Dans ce sens, pour indiquer la situation très particulière dans laquelle se trouvent le nourrisson et l'enfant très petit, Freud utilise une expression allemande particulièrement appropriée : *Hilflosigkeit*. Cela signifie : l'expérience d'être sans aide, le fait de se trouver sans recours ou sans secours. Le mot choisi par Freud a été traduit en français soit par « désaide », un néologisme assez littéral, soit par « détresse », un mot très voisin. L'important est de rester centré sur l'expérience très particulière que vit le tout-petit.

Dans *Boire à la source*, Jules Supervielle écrit si justement : « N'y a-t-il pas une misère commune à tous les enfants du monde, eux qui n'ont pour se faire comprendre quand ils souffrent que des pleurs irritants et presque sans nuances, qu'il s'agisse de faim, soif, ennui, honte, timidité, ou d'autres sentiments que nous ne connaissons peut-être plus et qui resteront toujours innommés[1]. »

Rappelons-nous aussi que nos désarrois ultérieurs viennent immanquablement réveiller ou raviver nos premières détresses. Nous ne sommes pas aussi forts que nous le voudrions. Un des grands avantages du petit personnage coiffé d'une coquille d'œuf est d'exprimer cette réalité d'immense fragilité que nous avons tous connue et dans laquelle se retrouvent tous les enfants.

Le sentiment d'injustice est la manifestation intérieure de cette expérience première d'impuissance absolue. Comme pour Calimero, ce sentiment survient lorsque nous faisons face à une *défaillance tutélaire* : personne n'est là pour nous aider, nous protéger, nous secourir... ou pour rétablir une situation équitable. Le sentiment d'injustice est l'expression d'une profonde déception devant un chaos humain venant démentir notre souhait fondamental d'un ordre humain bon et juste. Lorsque nous l'exprimons, nous voudrions qu'un tiers avisé vienne le restaurer. Ce sentiment perdure si aucune autorité n'est intervenue pour rétablir la justice ; il s'installe si les expériences répétées de cette défaillance viennent décidément confirmer nos illusions perdues.

Lors de cette investigation, nous avons pu repérer diverses modalités du sentiment

1. J. Supervielle (1951), p. 22.

d'injustice, pouvant se décliner, selon différents degrés, de l'indignation à l'impuissance. Sauf exception, la plupart des personnes dont nous allons parler dans ce chapitre n'ont pas l'habitude de se plaindre. Elles sont toutes marquées par un fort sentiment d'injustice, souvent peu conscient à l'origine. Leur *attitude* rappelle Calimero bien plus que leurs propos. Rares sont celles qui, à l'instar du petit personnage, prendraient la parole pour dénoncer haut et ferme l'injustice. Au contraire, leur corps parle pour elles, en signes éloquents, comme des manifestations de timidité ou de gêne, des épaules courbées, un aspect infantile, une très grande gentillesse, une peur de déranger, une voix faible, etc. Non qu'elles se posent en victimes des autres ou du sort, mais leur réserve et leur délicatesse trahissent en quelque sorte l'expérience de personnes qui ont connu de cruels déboires et qui savent ce que souffrir veut dire.

Une maltraitance intolérable

Lors d'une thérapie, il ne s'agit pas seulement de se souvenir d'injustices subies, mais aussi – progressivement – de retrouver la mémoire vivante, avec les ressentis de l'époque, de moments critiques où le sentiment d'injustice a été particulièrement vif et aigu. N'abusons pas du terme « traumatisme », trop souvent utilisé : un événement douloureux n'est pas forcément traumatique, cela ne l'empêche pas d'être éprouvant et marquant pour la personne qui en fait l'expérience.

Tenir pour si peu

Nous avons vu que certains groupes demandent à leurs membres de ne pas exprimer leurs plaintes. Même si certains environnements ne vont pas jusque-là, ils peuvent néanmoins avoir tendance à minimiser ou à banaliser l'expression de la souffrance des plus sensibles, en arguant du fait qu'il existe des injustices plus graves ou des souffrances plus fortes. Parfois, les parents demandent aussi aux enfants de ne pas « réclamer ». À force, les enfants peuvent ne même plus oser poser une demande ou exprimer leur malaise.

La petite Fatima comprenait bien que les revenus très modestes de ses parents ne leur permettraient pas de lui offrir les robes et les poupées qu'elle enviait à ses amies. Elle savait aussi qu'elle ne pouvait pas parler de l'Algérie avec son père. Ce thème de discussion était trop douloureux pour lui, remuait trop de souvenirs pénibles et le mettait en colère ou, surtout, le rendait mutique. À partir de 6 ans, Fatima fut souvent malade des bronches. Sa maladie était si sévère qu'elle dut quelques années de suite passer plusieurs mois dans un sanatorium pour enfants. Les traitements étaient douloureux et impressionnants. En particulier, le plus angoissant et éprouvant était une technique thérapeutique de l'époque qui consistait à laver les poumons. La petite Fatima ne se plaignait pas à ses parents, ni même au personnel de l'institution. Elle se disait que sa souffrance était si peu par rapport aux difficultés de ses parents. Elle se réjouissait des quelques rares cartes postales qu'ils lui envoyaient. Elle s'ennuyait beaucoup. Elle comptait les longues heures qui étiraient la journée jusqu'à l'heure du coucher et les longues journées qui la rapprochaient de la fin de son séjour. Une fois rentrée chez ses parents, elle était régulièrement triste de constater qu'elle ne leur avait pas manqué et qu'ils ne se faisaient pas une joie de la retrouver. Fatima trouvait très injuste d'être ainsi constamment malade en comparaison de ses copines qui ne l'étaient pas. Elle était tellement attristée de percevoir que ses parents se souciaient si peu de son sort qu'elle tombait à nouveau malade, et passait encore quelques semaines à l'hôpital...

Toute sa vie, Fatima a porté le fardeau des injustices vécues par ses parents et ses grands-parents, rendant ses « petites misères » à elle insignifiantes et sans poids en comparaison. L'existence entière des personnes comme Fatima est profondément orientée et régie par cette retenue et cette abnégation, sous-tendues par la crainte d'en dire trop, d'en faire trop ou de se plaindre pour « rien ». Cela les conduit, fréquemment, à supporter des situations pénibles sans réussir à poser des limites, ou des relations destructrices auxquelles elles n'osent pas mettre un terme.

Tenir pour mauvais

Nous avons rapidement mentionné à quel point la moquerie est injuste et le cynisme absolument injustifiable. Sur un mode voisin, les réalités du mépris et de la dévalorisation sont riches d'enseignement sur la méchanceté, consciente ou non, de certains comportements. Tous les témoignages recueillis insistent sur l'impact durable et profond des souffrances endurées.

À 9 ans, Aurore est enchantée de partir une semaine en vacances avec son amie Corinne, chez les grands-parents de cette dernière. Le séjour ne se passe pas aussi bien qu'elle l'aurait souhaité. Aurore n'ose pas appeler son père, car elle est très rarement seule et ne souhaite pas parler devant son amie. Un jour, pendant que Corinne prend une douche, Aurore, très tendue et inquiète, téléphone. Sa voix est blanche. Elle explique à son père qu'elle a des poux et que Corinne lui dit qu'elle est « sale » ou, même, qu'elle est « une clocharde », etc. Corinne ne manque pas une occasion pour humilier Aurore devant d'autres personnes. Aurore a le souffle court, elle retient ses sanglots. Elle rentre de ses vacances pâle, silencieuse et très affectée par cette injustice : elle a perdu sa bonne humeur, sa légèreté et sa grande joie de vivre.

Compréhensive, elle dit qu'elle n'en veut pas à son amie et se désole d'avoir eu des poux... Bien des années plus tard, devenue jeune femme, Aurore traverse une période difficile. À la suite des attentats du 13 novembre 2015, elle dit même se sentir extrêmement fragile. Elle ne dort plus, se rend compte qu'elle perd ses cheveux, fait une chute dans les escaliers du métro, égare son agenda, tombe malade, etc. Peu à peu, elle comprend que son mauvais souvenir de petite fille n'avait pas été définitivement oublié comme elle l'aurait souhaité. L'injustice d'autrefois constitue pour elle une faille qui la rend beaucoup plus vulnérable qu'elle n'aurait pu le croire jusque-là...

Dans la violence meurtrière des attentats, Aurore perçoit combien la haine exige de défigurer l'autre, de le rendre dissemblable et abstrait – c'est-à-dire *non humain* – pour pouvoir le détruire froidement en justifiant sa destruction par un dogme fanatique. Cette prise de conscience la tourmente et ne la laisse pas en repos.

Toutes proportions gardées, elle discerne dans l'humiliation infligée à autrui ce germe de haine[1]

1. Du point de vue de la réalité psychique (et non de la réalité sociale ou politique), il n'y a pas à proprement parler de petite ou de grande haine. Au fond, l'essence de la haine, sa nature fondamentalement déshumanisante et destructrice, est la même pour tous. En revanche, cela posé, des différences existent. Un mouvement de haine peut être très fugace ou, au contraire, très tenace. Il peut s'agir d'un simple fantasme sans conséquences ou d'une volonté délibérée de nuire. Enfin, bien évidemment, il existe différents degrés de barbarie, d'horreur et de violence dans la mise en œuvre concrète, effective, et délibérée, de la haine.

qui cherche également à rendre l'autre méprisable pour s'autoriser à le dévaloriser, le désigner comme mauvais, le rendre indigne...

Comme Aurore, nous croyons facilement que l'oubli recouvre tout d'un épais manteau, de façon étanche et définitive. Nous pouvons le souhaiter, nous appliquer et nous efforcer à oublier, mais aucun barrage ne peut endiguer les reflux de la mémoire. Par ailleurs, il est rare que nous puissions mesurer la puissance dévastatrice d'un incident lorsque nous le vivons et luttons pour y faire face. Son impact véritable sur notre personne nous est révélé bien des années plus tard, souvent à l'improviste, alors qu'un événement extérieur, même complètement étranger à notre existence, vient jouer le rôle de révélateur.

Tenir pour rien

Dans certaines circonstances, nous pouvons avoir l'impression de n'être rien ou de ne pas exister, d'être complètement anonymes. Ainsi, certaines administrations semblent ne voir en leurs usagers que des dossiers ou des numéros. Le degré ultime de la dépersonnalisation est atteint dans les camps de concentration, présents dans tous les régimes totalitaires ou barbares. En ces lieux de désolation, le matricule du prisonnier constitue sa seule identité. Plus près de nous, beaucoup de personnes malades ont également à souffrir d'institutions médicales d'une terrible froideur, voire d'une effroyable inhumanité. Ces malades connaissent de ce fait un découragement supplémentaire qu'ils ne peuvent exprimer qu'à des proches de grande confiance, tant l'aveuglement ou la soumission sont encore manifestes devant le prestige que confère la blouse blanche.

Du fait de sa grave maladie, Soraya a dû séjourner plusieurs mois dans une clinique pourtant réputée. Lors d'un épisode particulièrement sévère, elle n'arrivait même plus à parler et peinait à aller seule aux toilettes. Soraya raconte ce qui lui est arrivé :

> « Durant cette période, le personnel a été particulièrement odieux avec moi. J'ai été niée, traitée comme de la viande, bousculée sans égard, raillée comme si je n'existais même pas... Le pire a été le jour où le médecin et une infirmière m'ont installé, de force, une sonde urinaire permanente. Ils ne m'avaient pas prévenue. J'ai eu très mal, je me suis sentie humiliée. Ils ne m'ont pas adressé la parole, pas même un bonjour ou la moindre excuse ! J'ai connu l'horreur et je ne pouvais rien dire pour me défendre. Je l'ai vécu comme une atteinte à ma dignité... »

Soraya a ressenti cette période, et cet épisode en particulier, comme une immense injustice. Elle n'arrive pas à l'oublier. Dans les phases aiguës de sa maladie, elle revit cette douloureuse injustice avec plus d'acuité. Elle explique qu'elle préférerait mourir que de connaître une nouvelle fois une telle déconsidération de son humanité.

Les personnes comme Soraya reviennent ahuries, et parfois effarées, après de si graves expériences mortifères. Elles se demandent comment une telle indifférence à l'autre et un tel dédain de l'humain sont devenus possibles, surtout au sein de ces professions supposées être vouées au soin. Ces personnes éprouvées en arrivent à perdre leurs espoirs et leur confiance, ce qui ne les met pas dans des dispositions favorables à leur guérison, et décuple le sentiment d'injustice qui les étreint...

Une solitude inconcevable

Les grandes solitudes ne sont pas rares, nous le constatons ou en entendons parler, et les sociétés hypertechnologiques des pays dits « avancés » semblent démunies pour enrayer l'augmentation des citoyens touchés par l'isolement. Dans certaines circonstances, la solitude existe, elle est réelle, mais l'enfant ou l'adolescent ne la perçoit pas comme telle. Devenu adulte, au cours d'une psychanalyse par exemple, il mesure l'ampleur de certains moments de solitude et l'injustice que cela a pu représenter pour lui à l'époque.

Un abandon oublié

Comme nous l'avons déjà souligné, à entendre Ulysse, il avait de bons parents. De temps à autre, il a pu se risquer à dire que son père était peu présent et qu'il avait été dur avec lui. De longs mois plus tard, un souvenir très ancien est revenu à sa mémoire.

Lorsqu'il était tout petit, l'un de ses grands-pères était très malade. Ses parents allaient lui rendre visite à l'hôpital, à Paris, chaque fin de semaine. Ils laissaient le petit garçon chez sa grand-mère, qui habitait en banlieue. Ulysse s'ennuyait et attendait fiévreusement le retour de ses parents. Un matin, en arrivant, le garçonnet dormait. Pour ne pas le réveiller, ses parents décidèrent de le laisser dormir dans la voiture le temps d'aller prendre leur petit déjeuner chez la grand-mère. Peu de temps après, Ulysse se réveilla, seul, et ne reconnaissant pas l'endroit où il était. Le garçon fut envahi d'une véritable peur panique et se mit à crier pour appeler ses parents, sans pouvoir se faire entendre car la voiture n'était pas garée suffisamment près du pavillon de sa grand-mère... Lorsqu'il raconte cet incident pour la première fois, Ulysse prend la défense de ses parents et explique toutes les bonnes raisons de leur choix. Toutefois, quelques séances plus tard, il revient sur ce souvenir et commence à accueillir le point de vue du petit garçon. Il retrouve la peur panique et l'incompréhension d'alors, puis perçoit qu'il s'est senti réellement abandonné.

Pour Ulysse, cette période de son enfance et cet incident en particulier lui apportent un nouvel éclairage. Il voit autrement sa tendance à se sentir rapidement abandonné et à vivre certaines situations apparemment anodines comme de pénibles injustices.

L'absence ou le vide autour de soi

Charles est un modèle de stoïcisme. Il ne se plaint pas. Il endure tout sans mot dire, sans *maudire* non plus. Affable, bien que très sobre et extrêmement réservé, ne montrant pas ses émotions, il met cette attitude distanciée sur le compte de son métier exigeant de chirurgien. Son enfance rappelle celle d'Ulysse, à deux réserves près. Sa mère, célibataire, ne voulant pas s'occuper de lui, l'avait confié en permanence à ses parents vivant à la campagne. Elle ne venait le chercher que très rarement, pour l'emmener chez elle. Six ou sept ans après sa naissance, elle s'était mariée à un autre homme et avait conçu avec ce dernier un deuxième enfant, qui était né handicapé et accaparait toute l'attention maternelle.

« Je me souviens des quelques week-ends que j'ai passés chez ma mère lorsque j'étais très petit. Je n'ai plus la mémoire exacte des lieux car je ne suis pas venu souvent. En revanche, je me souviens précisément de la situation et de l'émotion que je ressentais. En fait, ma mère n'était pas disponible. Elle ne s'occupait pas de moi. Elle partait faire des courses et me laissait seul pendant de longs moments, qui me semblaient durer des heures. L'émotion qui montait en moi était liée à cette absence de ma mère, au vide, un grand vide tout autour de moi, comme si le monde n'existait pas, comme si je n'existais pas pour ma mère. »

Quelques années plus tard, un jour, la mère de Charles est venue le chercher chez ses grands-parents sans le prévenir. Charles n'a pas pu se préparer à cette rupture majeure de ses années d'enfance : la séparation brutale d'avec ses vrais « parents », d'avec la maison de son enfance, le jardin, les animaux et la campagne qu'il aimait tellement. Arrivé à Lyon, il se souvient du bruit, de l'agitation, de la pollution, des voitures, du monde partout et, surtout, du manque immense, d'un manque dont il n'a pu parler à personne.

Charles commence à discerner en quoi la misère douloureuse de sa vie affective d'adulte n'est que le reflet de ces moments de chaos et de vide vécus durant son enfance. Il sourit en comprenant l'importance de ses engagements sociaux contre l'injustice, quelle qu'elle soit. Il rêve de rencontrer une femme qui l'aimera et qu'il pourra aimer sincèrement, sans peur de ne pas exister pour elle ou d'être arraché subitement, un jour, à son amour...

La mort par contumace

La mort d'une personne jeune peut être considérée comme une injustice, surtout lorsqu'elle est imprévue ou imprévisible. Elle peut sembler ou même devenir *impensable*...

César a été élevé de façon sévère, austère, dans les principes rigoureux et parfois rigides de parents instituteurs. Comme il était l'aîné, il devait faire attention à son frère plus jeune et ne pas lui faire d'ombre en se vantant de ses réussites ou de ses bonnes notes. César souffrait en silence des efforts d'abnégation que ses parents exigeaient de lui et de leur préférence pour son frère, qu'il pouvait fréquemment constater.

Heureusement, il avait un « meilleur ami » avec lequel il pouvait jouer librement. Il avait aussi une formidable passion pour les bandes dessinées, dont la lecture occupait le plus clair de son temps. César avait aussi appris que les hommes ne pleurent pas et n'ont pas d'émotion, donc les garçons non plus. Il était fier de respecter ce programme à la lettre.

Vers 15 ans, malgré l'extrême discrétion de ses parents, il comprit que sa mère était malade et, peu à peu, se rendit à l'évidence que cette maladie était grave. L'été suivant, ses parents l'envoyèrent apprendre l'anglais un mois en Écosse. À son retour, sa mère était morte et enterrée. Il n'avait pas été prévenu. Il n'avait pas pu lui dire adieu. Personne ne lui avait parlé de la maladie de sa mère et encore moins de son échéance mortelle. De surcroît, dans une ambiance familiale de complet marasme, le jour de son retour à la maison, César trouva son père en pleurs. Il fut dégoûté de voir son héros, symbole même de la virilité, « s'abaisser à une telle faiblesse ». Il l'avait cru infaillible et ne comprit pas l'effondrement paternel. Il reconnaît aujourd'hui avoir été plus déçu par la défaillance inacceptable de son père qu'affligé par la disparition de sa mère.

Cet ensemble de contrariétés et de complexité a profondément biaisé le discernement de César, pendant longtemps incapable de distinguer les injustices dont il a souffert et de prendre la mesure de ce deuil complètement escamoté. Durant de très nombreuses séances, au début de sa psychanalyse, César a défendu bec et ongles ce modèle de la virilité paternelle, comme s'il s'agissait pour lui du seul roc vraiment fiable sur lequel il pouvait prendre appui. Puis, un soir, apprenant la mort de Prince, un des chanteurs préférés de sa jeunesse, le dur et fort César s'est lui-même effondré, en pleurs. Il ne lui était plus possible de feindre et de prétendre à une virilité sans faille. Lui aussi, comme son père, était *un homme*, un humain, avec sa sensibilité, ses émotions, ses rires et ses pleurs... L'écroulement de sa doctrine privée a enfin permis à César de prendre la mesure du sentiment d'injustice qui l'habitait depuis l'enfance, dans un silence de mort, aussi bien gardé que les nombreuses épouses trépassées dans le château de Barbe-Bleue...

L'injustice qui fait effraction dans la vie d'un sujet, laissant dans son parcours existentiel une trace indélébile, ne correspond nullement pour lui à un caprice imaginaire. Cet absolu non-retour, cette implacable irréversibilité font éprouver et connaître les âpres réalités de l'impuissance, celles que Job, Jérémie et tant d'anonymes ont connues, qui déchirent le voile des illusions et découvrent le réel nu, sans fard et sans protection.

Une blessure irrémédiable

Comme nous l'avons vu, les personnes ayant vécu une grave improbité ou une lourde iniquité n'ont pas vraiment pu en prendre la mesure. Du point de vue psychique, c'est-à-dire considérées de l'intérieur[1], peu d'injustices sont éclatantes voire évidentes, y compris si la douleur qu'elles engendrent est très vive. Dans certains cas, l'incident s'inscrit dans l'histoire du sujet comme une atteinte sans résolution ou un préjudice sans recours. Le dommage devient alors un fardeau qui pèse sur son quotidien, une ombre qui obscurcit son existence.

1. Intériorité et extériorité sont des images, des métaphores qui désignent respectivement le point de vue du sujet et un point de vue différent de celui du sujet (concernant autrui, le groupe, l'environnement, etc.).

La consternation et l'incompréhension

Pour certains, la blessure n'est pas refermée et la douleur est lancinante. Une injustice majeure ou une série d'injustices sont restées sans explication, sans possibilité d'en parler, sans reconnaissance de la gravité des faits et des souffrances qu'ils ont engendrées.

Joan revient ainsi sur son grand malheur :

> « À 17 ans, mon père m'a mise dehors en me tirant par les cheveux. Il m'a traitée de traînée alors que je n'avais rien fait, je voulais seulement protéger ma mère... » Interdite et consternée, Joan est allée dormir chez une copine. « Puis, j'ai habité sept mois chez un ami, Thierry, qui vivait avec son père. Ce n'était pas un petit copain, juste un ami. Ils ont été très généreux. Une fois majeure, j'ai trouvé du travail, puis j'ai pu louer un petit studio. Je ne suis plus jamais retournée chez mes parents. »

Même si Joan ne se plaint plus, elle cherche comment se libérer de son mal-être.

> « Je ne veux plus me sentir mal d'exister. J'aimerais respirer librement, ôter de ma vie ce voile de tristesse. J'ai peur de vivre. J'ai peur d'être heureuse mais j'aimerais tellement l'être. Je ne sais pas ce qu'est le bonheur, alors je l'imagine... Je ne vais pas me droguer pour accéder à cela ! Je sais que quelque chose d'autre existe autrement. Parfois, j'ai l'impression que je vais le toucher

du bout du doigt et hop, cela s'envole comme un oiseau en liberté. Mon animal totem pourrait être la colombe de la paix qui prend son envol et qui est légère, libre... Je sens cela possible, mais il y a un toujours un *mais*... Mon cerveau met sur son chemin un chasseur qui tire et qui abat l'oiseau en plein vol, parce que je crois que si j'accède au bonheur, on me le prendra. »

Joan craint-elle de revivre d'une façon ou d'une autre le rejet qui a fait basculer sa vie ? Elle redoute autant d'être rejetée que d'être incomprise ou de n'être pas entendue.

« Je comprends mieux mon fonctionnement et parfois j'aimerais le mettre à plat. J'ai des verrous que je n'arrive pas à faire sauter. J'aimerais me dire que je ne dois plus avoir peur, mais je suis tellement immobilisée par la peur que, parfois, j'ai l'impression de renoncer à ma vie... Comment faire ? »

Une fois quitté le registre de la plainte, se pose effectivement la question du changement, de la transformation intérieure et de l'évolution du mode de vie. Que cette question se pose signale le début d'un long processus, car toute mutation prend du temps. Surtout lorsqu'elle se confronte à l'impuissance, en soi-même ou face aux autres.

L'impuissance

Maria vivait en Algérie au moment de la guerre d'indépendance. Elle était enfant lorsque le conflit armé a commencé. Elle se souvient de cette période avec beaucoup d'acuité. Sans être activiste ni violent, ni même engagé dans une organisation politique, le père de Maria était favorable à une décolonisation en douceur, donc à l'indépendance. Il avait de vrais amis algériens, qu'il respectait profondément. Début 1962, il a été froidement assassiné d'une balle dans la nuque par un jeune voisin, proche de l'OAS[1]. Maria a connu l'effondrement d'un monde à l'annonce du décès de son père. Son meurtre lui semble particulièrement injuste car son père était pacifiste et n'avait fait de tort à personne, bien au contraire, tant il était généreux.

> « Je ne pouvais parler de ma tristesse à personne. Les adultes de ma famille étaient absents, perdus dans leur douleur et l'incompréhension. Au lycée, personne ne s'approchait de moi pour ne pas donner l'impression de prendre parti... Pour mon père, j'aurais aimé que l'on ne détourne pas les yeux, que l'on me console, que l'on trouve des mots pour aider les miens à se formuler. Que le silence ne s'installe pas, rendant cette mort ignorée, scellée par le déni. »

1. Pour plus de détails, voir S. Tomasella (2016).

À la première injustice, s'ajoute celle du mutisme, du silence de plomb, de la négation, mais aussi – curieusement – de cette absence de compassion et de consolation.

« J'aurais eu besoin de regards conscients et attentifs à la réalité... Je sentais seulement que personne n'avait envie d'entendre ce que j'avais à dire. Je me plaignais. Était-ce une plainte ? J'essayais en tout cas d'exprimer mes souffrances. Je voulais être comprise. Ce désir même, aussitôt ressenti, me paraissait idiot et irréalisable, tant il semblait déplacé. Pire qu'un sentiment d'injustice, j'ai connu alors un véritable sentiment d'impuissance. »

Nous voilà vraiment dans le vif de notre investigation et peut-être même au cœur de toute recherche sur l'humain. Le constat excède le cadre de notre enquête, il peut être établi dans d'autres contextes. Il nous révèle que nous avons sans doute tendance à nous focaliser trop nettement, voire uniquement, sur une idée, un mot, un ensemble de formulations. Nous sommes souvent trop sûrs de nos certitudes, trop limités et réducteurs dans nos élaborations, trop péremptoires même, ce qui nous conduit à cataloguer, étiqueter et ranger dans des tiroirs conceptuels prédéfinis. Ne serait-il pas vivifiant de dépoussiérer un peu nos idées reçues, d'ouvrir nos esprits et nos cœurs pour accepter de porter un regard neuf sur nos ressentis ?

Ce témoignage bouleversant d'une femme aujourd'hui âgée, qui se souvient des souffrances de l'adolescente qu'elle fut, apporte une ouverture et un déplacement salutaires à notre réflexion. Il ne s'agit pas seulement d'injustice, ou d'incompréhension, ou même d'affliction, de solitude, de détresse. Plus que tout cela, et au-delà, il est question d'impuissance, d'une profonde et complète désolation, celle qui rejoint précisément cette *Hilflosigkeit* freudienne, notre plus grande vulnérabilité, notre plus ancienne fragilité. Voilà pourquoi nous voulons oublier coûte que coûte nos impuissances et nos désolations, en les reléguant aux mystères de la toute petite enfance ou aux confins de la conscience. Là où, au-delà du cri, l'être humain reste sans voix et sans recours.

Comment penser alors l'insistance de Calimero[1], que ce soit chez nos proches ou en nous-mêmes, cette insistance à être entendu, à faire reconnaître nos souffrances et à soigner nos blessures ? Que cherchons-nous à exprimer ? Que souhaitons-nous mettre en évidence ?

Certainement une conception fondamentale de l'existence ou de l'humain. Nous compléterons d'ailleurs bientôt la réponse à ces questions. Dans

1. Par une transmutation générée grâce à l'élaboration, c'est-à-dire au cheminement de la pensée, Calimero est ainsi devenu une *imago*, une réalité intrapsychique, une instance chez le sujet, qui condense et représente non seulement le sentiment d'injustice, la mémoire de toutes les injustices vécues, mais surtout le désir d'en attester ou la nécessité de les faire entendre et reconnaître.

l'immédiat, notre étude serait incomplète si nous ne nous intéressions pas aussi à une autre forme de basculement existentiel, lorsque l'injustice sans secours et son ombre d'impuissance entraînent la ruine de ce qui servait de référentiel et de cadre à nos pensées, nos valeurs, nos projets.

8

LA CHUTE DES IDOLES

> « Il ne m'a pas suffi de mettre au tombeau mes amours de chair et de cendre pour bien m'assurer que c'est nous, vivants, qui marchons dans un monde de fantômes. »
>
> Gérard de Nerval, *Voyage en Orient.*

Nous venons de découvrir qu'il est nécessaire de remonter plus loin que les racines apparentes pour comprendre la densité existentielle masquée par ce qu'on appelle récrimination, lamentation, jérémiade, etc. L'évocation de la détresse de l'enfant en chacun de nous est, chaque fois, bouleversante. Elle révèle la fragilité et met en évidence tous ces appels au secours qui se cachent derrière la plainte, toutes ces bouteilles lancées à la mer, avec le sentiment de l'inanité de ces efforts, ce terrible « désemparement[1] »...

1. Autre traduction possible, très évocatrice, de l'*Hilflosigkeit*.

Chaque témoignage laisse entendre une voix authentique, empreinte d'émotion, qui vient des profondeurs. L'injustice vécue enfant marque durablement la mémoire, comme en atteste l'épisode du peigne cassé, raconté par Rousseau dans *Les Confessions*, quand il fut accusé d'un délit qu'il n'avait pas commis. Après avoir relaté l'anecdote, une vétille pour ce qui est de l'événement, mais une tragédie si on le considère du côté du ressenti, il écrit :

> « Je sens en écrivant ceci que mon pouls s'élève encore ; ces moments me seront toujours présents, quand je vivrais cent mille ans. Ce premier sentiment de la violence et de l'injustice est resté si profondément gravé dans mon âme, que toutes les idées qui s'y rapportent me rendent ma première émotion ; et ce sentiment, relatif à moi dans son origine, a pris une telle consistance en lui-même, et s'est tellement détaché de tout intérêt personnel, que mon cœur s'enflamme au spectacle ou au récit de toute action injuste, quel qu'en soit l'objet et en quelque lieu qu'elle se commette, comme si l'effet en retombait sur moi. [...] Ce mouvement peut m'être naturel, et je crois qu'il l'est ; mais le souvenir profond de la première injustice que j'ai soufferte y fut trop longtemps et trop fortement lié pour ne l'avoir pas beaucoup renforcé[1]. »

1. J.-J. Rousseau, *Les Confessions* (1782), livre I, p. 18-20.

Le récit de Rousseau est fondamental car il vient confirmer que les injustices que nous subissons lorsque nous sommes enfants nous marquent pour la vie entière. De surcroît, comme pour Antoinette, Clément, Gaïa et beaucoup d'autres, l'injustice infligée à autrui, et surtout à une personne en situation de faiblesse, est proprement insupportable.

Par ailleurs, beaucoup de personnes entendues au cours de cette étude, ainsi que nombre de patients, ont expérimenté à quel point les préjugés et les croyances sont limitatifs, donc dommageables pour eux-mêmes comme pour leurs proches. Lors d'une séance, John raconte une découverte qu'il a faite récemment lors d'une consultation chez un ostéopathe. Lorsque le praticien a touché une vertèbre douloureuse dans son dos, John a soudain compris que l'irritabilité qui lui est parfois reprochée n'est pas due à la colère, mais à « un grand ras-le-bol ». Il précise sa prise de conscience :

> « Je n'en peux plus ! Enfant, je n'ai pas pu appeler au secours, personne n'était là pour m'aider. Je devais respecter l'interdiction de m'exprimer, de riposter, de me révolter, donc de m'affirmer et de combattre. L'éducation religieuse que j'ai reçue m'a longtemps empêché de dire non, de m'opposer, de refuser... Elle m'a obligé à subir et à souffrir en silence. »

Au cours de ce chapitre, nous compléterons notre investigation par des témoignages d'adultes qui ont connu de rudes désillusions après avoir vécu une injustice remettant complètement en question leur vision du monde et les croyances qui l'étayaient. Plus particulièrement, ils ont fait l'expérience du décalage très répandu entre les discours et les faits. Ce type d'épreuve leur a également appris combien il est préférable de s'en remettre au témoignage de nos sens, bien que faillibles, et de notre clairvoyance, plutôt que de vouloir continuer à légitimer des propos abstraits et normatifs, sans véracité.

Le dogme et ses dérives

Le Procès de Viviane Amsalem est un film magnifique. Il montre l'incroyable combat et la pugnacité d'une femme, seule face à son mari, sa famille, les juges et la religion, omniprésente en Israël. Viviane cherche à s'affranchir du poids des règlements qui l'empêchent de vivre et des traditions qui l'étouffent. Voilà trois ans qu'elle demande un divorce que son mari lui refuse. Or, en Israël, seuls les rabbins peuvent dissoudre un mariage, avec le plein consentement du mari. Viviane lutte avec détermination contre une situation de plus en plus absurde et inextricable[1].

1. Ronit et Slomi Elkabetz, France, 2014.

« Je voulais un homme traditionaliste »

Cindy s'est mariée, il y a quelques années, « sans amour » précise-t-elle honnêtement, avec un homme dont elle appréciait l'énergie, l'entrain et la bonne humeur. Elle voulait épouser un homme traditionaliste, respectant les valeurs de sa propre religion, la religion juive. Cindy avait eu des compagnons chrétiens ou athées auparavant, mais pour se marier, elle souhaitait un homme de la même confession qu'elle.

> « Au début, j'étais rassurée car la famille de Jonas est originaire d'Afrique du Nord, comme la mienne. Pourtant, très vite, j'ai commencé à constater des différences de plus en plus évidentes. Autant mes parents sont issus de la bourgeoisie éclairée et cultivée d'une capitale, et ne sont pas du tout pratiquants, autant les parents de Jonas me semblaient terre à terre, provinciaux, presque vulgaires et incultes, tout en étant des pratiquants particulièrement stricts et zélés. Avec l'arrivée de notre premier enfant, Jonas et sa famille m'ont imposé les règles rigoureuses de leur intégrisme : deux éviers, deux vaisselles, deux réfrigérateurs, des aliments à ne surtout jamais mélanger, des prières quotidiennes, toutes les fêtes religieuses, le respect absolu du Shabbat du vendredi soir au samedi soir, une perruque lorsque je sors, etc. Je me suis mise à déprimer, et plus je m'éteignais, plus la mère de Jonas devenait cruelle avec moi. Puis elle s'est mise à me dévaloriser de plus en

plus et, même, à monter son fils contre moi. Notre couple est devenu infernal ! J'ai encore fait de nombreux efforts, pendant plusieurs années. J'ai accepté d'avoir un deuxième enfant, et même une école religieuse très traditionaliste pour la scolarité des enfants, mais comme la situation ne cessait d'empirer, j'ai fini par demander le divorce. »

Cindy a été très désagréablement surprise lorsqu'elle s'est rendu compte que ses parents prenaient la défense de son mari, de sa belle-famille, de leurs pratiques rigoristes et du mariage. Traitée en paria, maigrissant et s'épuisant davantage de jour en jour, elle a dû mener seule son divorce, dans une adversité sans pitié.

Au fil des mois, Cindy a compris qu'elle avait accepté d'épouser un homme qu'elle n'aimait pas pour faire plaisir à ses parents, se marier comme l'avaient fait ses amies et respecter les codes culturels de sa lignée. Elle avait sacrifié son désir. Elle vit comme une profonde injustice et une trahison le changement d'attitude de ses parents à son égard. Elle se dit dégoûtée par la religion, par la fausseté de toutes ses obligations et par l'incohérence entre les « belles paroles » proférées à la synagogue et la méchanceté des propos ou la mesquinerie des comportements réels au quotidien. Cindy sent le sol se dérober sous ses pieds. Elle dit ne plus rien comprendre et ne plus rien savoir. Tout ce qu'elle a appris lorsqu'elle était enfant, tout ce en quoi elle avait cru sincèrement est parti en fumée. Elle se retrouve très isolée, complètement désorientée.

« Mon mari avait une double vie »

Rosalie a tendance à se trouver beaucoup de défauts. Elle manque de douceur avec elle-même. Elle a complètement perdu confiance en elle depuis la rupture avec son mari.

Le mariage de Rosalie et de Paul faisait rêver leurs amis tant leur couple semblait parfait. En société, ils s'entendaient bien. En privé, Paul était un mari quasi idéal, Rosalie lui reprochait seulement ses fréquentes absences, officiellement dues à une grande charge de travail... Après des années de vie commune, la situation a commencé à devenir plus tendue, sans raison apparente, au moment du débat et des manifestations qui opposaient certaines associations traditionalistes aux défenseurs du « mariage pour tous ».

> « Paul s'est beaucoup impliqué dans la lutte contre cette loi. Je l'ai vu se durcir, devenir agressif même, puis violent, tenir des propos très déplacés et injurieux, d'autant plus incompréhensibles que ma meilleure amie vit depuis des années avec une femme et que nous les recevions toutes les deux à la maison. Il est vrai que Paul et sa famille sont des catholiques convaincus, "très romains", comme ils insistent à le dire. Pourtant, cela n'explique pas le revirement de Paul. »

Hasard ou coïncidence, un matin, Rosalie voit un message arriver sur le téléphone portable de Paul, qu'il a posé sur la table de l'entrée peu avant son départ au travail. Très discrète et respectueuse de l'intimité de son mari, Rosalie ne fait qu'apercevoir ce qui s'affiche sur l'écran un bref moment. Une fois Paul parti, elle se sent tracassée par ce message qui mentionne un rendez-vous le soir même en précisant un lieu incongru pour Paul, homme rangé et se disant « respectable ». N'ayant pas encore vu le message, Paul embrasse sa femme et lui dit : « À ce soir ». Dans la journée, comme souvent, il lui annonce qu'une réunion imprévue a été ajoutée à son agenda et qu'il rentrera très tard, bien après le dîner... Rosalie comprend, sans vouloir encore l'accepter tout à fait, que son mari la trompe. Le plus difficile à admettre est que le prénom du message entrevu est sans équivoque : il s'agit du prénom d'un homme. D'abord interdite, Rosalie ne parle pas de sa découverte à son mari. Progressivement, elle a la confirmation que son mari est homosexuel. Ainsi s'explique son manque d'intérêt réel pour leur propre vie sexuelle, et l'espacement de plus en plus net de leurs rapprochements amoureux.

Rosalie n'a pas tant été choquée d'apprendre que Paul « aime les hommes », bien qu'elle eût préféré le savoir avant de se marier. À notre époque, en plus, pourquoi ne pas avoir dit tout simplement quelle était son orientation sexuelle ?

Elle a surtout été dévastée par le mensonge et l'hypocrisie d'un homme très religieux, qui se présentait sous le label de catholique fervent et affichait son loyalisme envers le Vatican, prêt à défendre les valeurs fondamentales du mariage et la famille comme piliers de la société. Rosalie s'est sentie « assommée, interloquée ». Elle en est restée abasourdie pendant plusieurs jours. Son monde s'est écroulé. Elle a trouvé tout à fait immérité que Paul ne lui ait pas vraiment accordé sa confiance et lui ait caché sa double vie pendant tant d'années. Elle estime encore plus injuste – pour lui-même et pour ceux qu'il vilipende – son faux combat, si violent, à l'encontre d'une sexualité qui est précisément la sienne[1]. Pour elle-même, elle est désolée de s'être laissé duper par un discours de façade, d'avoir cru à un amour qui n'existait pas et, surtout, d'avoir gâché sa jeunesse.

Après leur divorce, Rosalie passe de longs mois à affirmer avec beaucoup d'amertume que « les hommes sont tous des lâches », qu'ils ne sont pas fiables et qu'elle ne croit plus possible l'amour sincère d'un homme pour elle...

1. Les discours publics violemment hostiles à l'homosexualité masquent souvent, dans le privé, une homosexualité réelle, qu'elle soit agie secrètement ou vigoureusement réprimée.

« J'ai beaucoup de rage en moi »

Pour se sentir un peu plus libre, Samia a choisi de vivre loin de ses parents, Marocains de confession musulmane habitant en France depuis longtemps. Elle leur téléphone le moins souvent possible, parce qu'ils lui font d'incessants reproches et qu'elle les trouve très intrusifs. Elle ne leur a même pas donné sa véritable adresse, car elle a peur qu'ils viennent un jour chez elle, sans la prévenir. Samia est au chômage depuis peu. Elle travaillait avec beaucoup d'implication dans un grand magasin pour une marque de prêt-à-porter de luxe. Elle a été licenciée après une altercation avec une cliente qui a tenu des propos ouvertement racistes à son égard. Depuis, malgré un diplôme coté et de brillantes études, Samia peine à trouver du travail, en partie parce qu'elle n'a pas pu obtenir de lettre de recommandation de son ancien employeur. Cette situation lui semble le reflet d'une injustice flagrante, que rien, d'ailleurs, ne peut justifier.

> « Côté cœur, ce n'est pas facile non plus. Je vis avec un homme divorcé, Andrew. Il est anglais et travaille dans la filiale française d'une société britannique. Il a du mal à oublier son ex-femme. Il me dit qu'il l'a dans la peau. Par moments, il me délaisse, il boit beaucoup, puis, à d'autres moments, il se rapproche de moi... Je ne peux pas parler de lui à mes parents parce qu'il n'est

pas musulman. Ma sœur a réussi à convaincre son copain de se convertir à l'islam pour qu'ils puissent se marier, mais Andrew est complètement athée, il ne veut pas entendre parler de religion, et en plus il n'est pas favorable à l'islam à cause du mauvais sort réservé aux femmes... Je ne suis pas heureuse, je vis en me cachant de mes parents. Je sais que je ne vais pas pouvoir me marier ni avoir d'enfant avec Andrew, mais je ne veux pas épouser un musulman. Vivre recluse, être soumise et porter le voile ? Non, il n'en est pas question ! »

Enfant, Samia a beaucoup souffert de l'éducation très rude qu'elle a reçue à l'école coranique, au Maroc. Elle se souvient de punitions particulièrement dures et tout à fait arbitraires. Elle se rappelle aussi les châtiments corporels réservés aux enfants récalcitrants, surtout à elle qui ne se laissait pas faire. Durant la période des attentats abominables qui ont douloureusement endeuillé la France, Samia confie plusieurs fois qu'elle est convaincue, pour les avoir vécues, que la violence de l'éducation chez les musulmans et les restrictions extrêmes que leur impose la pratique de leur religion jouent un rôle non négligeable. Elles font naître dans leur cœur une forme de noir ressentiment et peuvent engendrer une rage volcanique, contenue le plus souvent, mais prête à exploser après trop de contrariétés, de frustrations et de déconsidérations répétées.

« Ce matin encore, je faisais mes courses. Dans le magasin, une jeune maman maghrébine essayait de se débrouiller toute seule avec trois enfants : un bébé dans une poussette et deux tout petits garçons. Elle était visiblement dépassée, ce que je comprends. Un monsieur l'a plusieurs fois aidée très gentiment. Pourtant, elle était sur les nerfs, elle parlait mal à ses fils, elle était virulente avec eux. Un peu plus tard, un des garçons s'est perdu. L'homme est parti à sa recherche, l'a trouvé, l'a consolé et l'a ramené vers sa mère. Furieuse, elle a dit plusieurs fois à ses garçons, en quittant le magasin : "Je vais vous tuer, je vais vous tuer." Cela m'a saisie ! J'ai eu peur pour eux et plus largement... Je suis vraiment désolée, mais je n'ai pas pu m'empêcher de me dire à nouveau que les mères maghrébines sont parfois tellement violentes qu'elles préparent de futurs adultes abîmés et désespérés, qui pourront devenir des délinquants, voire des criminels... des terroristes, pour se venger de tant d'humiliations ou parce que l'humain en eux a été dévasté... Moi aussi, par moments, je me sens dévastée. Mes parents ont été extrêmement durs et injustes avec ma sœur et avec moi. »

Récemment, la sœur de Samia lui a appris que son fiancé avait finalement renoncé à se convertir et à l'épouser parce que les obligations de la religion musulmane lui semblaient trop difficiles à supporter pour lui comme pour elle[1].

« Je me sens découragée, déçue pour elle, c'est vrai, mais dégoûtée plus largement. L'éducation religieuse que nos parents nous ont inculquée fait barrage en nous. Ma sœur et moi, nous ne sommes pas libres, nous n'arrivons pas à être heureuses. D'un côté, nous sommes rejetées par nos parents, par notre famille au Maroc et par la communauté qui nous regarde d'un mauvais œil, d'un autre, nous souffrons souvent du mépris de certains Français à l'encontre des étrangers. Il y a des jours, j'ai tellement la rage que je pense sérieusement à me suicider. Je suis désespérée. Je ne peux m'appuyer sur rien, ni sur la culture de mes parents ni sur la société en France qui nous rejette, soit ouvertement soit par des refus polis lors des entretiens d'embauche, par exemple. Je trouve tout cela trop injuste. »

Samia a l'impression de vivre l'effondrement de deux idéaux à la fois : l'idéal d'avoir de bons parents, attentifs et aimants, porteurs d'une culture dont elle puisse être fière ; l'idéal d'un pays d'accueil qui lui donnerait toutes ses chances pour réussir et où elle serait respectée.

1. Il y aurait beaucoup à dire sur la façon dont les mortifications, les pénitences et les sacrifices imposés par les religions, ou d'autres formes de religiosité, génèrent autant de souffrances et de malheurs que de plaintes.

La jeune femme vit une forme de saturation. Elle a peur d'exploser en se mettant très en colère contre un proche ou même un inconnu, ou d'imploser en devenant folle, voire en se suicidant. Samia craint de se laisser déborder par ce trop-plein d'injustices.

Comme pour Cindy et Rosalie, les désillusions de Samia ravivent en elle une profonde blessure, celle de la perte de confiance en soi, d'une piètre estime d'elle-même, d'un sempiternel « Je n'ai pas de valeur, je ne vaux rien » ! L'injustice subie aurait-elle ce funeste et inexorable pouvoir de pousser à devenir *injuste envers soi-même* ?

Chimères et désenchantements

« L'effondrement du sol de l'évidence », selon la belle formule de Sophie de Mijolla-Mellor, est une épreuve redoutable dans la vie de tout être humain. Elle provoque un doute fondamental qui crée une « fissure[1] » au sein de l'être. L'expérience extrême de l'impuissance peut alors s'accompagner de l'apparition d'une faille subjective.

Ce phénomène va bien au-delà du petit Calimero qui demande de l'aide et l'intervention d'une instance protectrice pour rétablir la justice. Il donne le vertige rien que d'y penser, tant il ouvre sur

1. S. de Mijolla-Mellor (1992), p. 23-24.

la prise de conscience d'une vulnérabilité plus grande encore.

Pour Sophie de Mijolla-Mellor, certaines personnes réussissent à transformer l'essai grâce à la sublimation, la pensée et la créativité. Toutefois, nous savons que les intellectuels et les artistes connaissent en leur for intérieur bien des limites à leur capacité de sublimation, si puissante soit-elle. Nous supposons donc – et notre pratique clinique le confirme jour après jour – que *cette faille demeure en chacun*. Elle nous rend plus fragiles, à certains moments plus qu'à d'autres, plus sensibles aussi aux informations et aux stimuli qui émanent de notre environnement direct ou d'un plus vaste contexte.

Mirages de fausse compassion

Après avoir pris ses distances avec une éducation protestante très austère et très puritaine, Charles a souhaité intégrer la franc-maçonnerie, dans une loge qui accorde une place importante à la vie spirituelle. Bien des années plus tard, il apprécie les tenues (les réunions) avec les « frères », mais il trouve que cela reste trop intellectuel et que l'amitié n'est vécue que durant les rencontres, non dans la vie réelle. Il essaie un temps de comprendre et de pratiquer l'hindouisme, qu'il trouve décidément trop cérébral et abstrait, puis se tourne vers le bouddhisme. Il cherche une pratique quotidienne ou, au moins, régulière, pour dépasser ses difficultés de fond, qui restent effectives.

Selon des motivations très voisines, Clément délaisse le judaïsme, vers lequel il s'était tourné durant quelques années et qu'il n'avait pas pu embrasser complètement parce qu'on lui reprochait de ne pas être circoncis, pour le bouddhisme tibétain. Très content et enthousiaste, il dévore les livres recommandés et suit le maximum d'enseignements, participe à de nombreuses retraites, etc. Il arrive même à se faire un nouvel ami, plutôt sympathique, qui deviendra rapidement contraignant en voulant contrôler sa pratique.

Presque deux ans plus tard, une femme de leur groupe local est attaquée par une autre adepte, apparemment pour une broutille. Bien que troublé par cette violence dans un groupe qui prône la non-violence, Clément relativise l'incident et s'éloigne du groupe un certain temps. Il se dit qu'il ne s'agit probablement que de rivalité féminine et souhaite que leur relation puisse s'apaiser. Devant l'aggravation de la cruauté totalement injustifiée envers cette femme réellement douce et de bonne volonté, peut-être plus fantaisiste et moins zélée que d'autres, Clément se sent durablement désemparé. Il est bouleversé dans le bien-fondé de sa démarche.

« Je suis très perplexe. Bien sûr, je comprends qu'il est temps pour moi de ne plus chercher à m'accrocher à une croyance, puis une autre, pour éviter la solitude, ma solitude fondamentale, mais tout de même je reconnais que je suis déçu. Le bouddhisme est une doctrine de paix, de détachement et de compassion. J'ai beaucoup médité et suivi de séminaires, mais dans la réalité je n'ai pas rencontré ces qualités chez la grande majorité des participants... Suis-je trop exigeant ? Je ne crois pas, non. Peut-être que je suis trop pur pour ce monde. Ce mot *pur* ne vient pas de moi, mais d'un collègue qui m'a dit un jour que j'étais "trop pur". J'avoue que je suis perdu, je ne sais plus quoi penser... »

Clément chemine en constatant que les idées toutes faites existent dans tous les groupes, à plus forte raison s'il s'agit d'institutions qui défendent une idéologie. Il découvre alors qu'un abîme existe entre les idéaux proclamés et leur réalisation. Ce qui, d'ailleurs, ne remet pas nécessairement en question la bonne foi des adeptes. Beaucoup, comme Clément, sont désireux de mettre en pratique leurs rêves de paix et de justice. Ils sont simplement humains, trop humains, et se trouvent, en outre, confrontés à la difficile conciliation de leurs aspirations individuelles avec les enjeux de pouvoir inhérents à tous les groupes constitués.

Pour de nombreuses raisons, par conséquent, prétendre être dans le détachement et faire preuve de compassion n'implique pas nécessairement la réalisation effective de ces nobles aspirations...

Pendant quelque temps, Clément sent flotter en lui une forme floue de colère, puis il prend conscience, en fait, que cette colère recouvrait une tristesse bien plus profonde. Une amie proche lui a d'ailleurs fait une remarque frappante, en lui faisant observer qu'il s'était nettement voûté durant les derniers mois, comme si son corps même trahissait le poids de ses sentiments. Clément laisse émerger toute la peine qui s'est accumulée en lui et qui a courbé son dos. Il comprend qu'il voulait trop bien faire et être « trop bon ». Il se détache de son « besoin d'être un bon élève spirituel » et se dit qu'il préfère, au fond, vivre plus simplement.

L'empire de la « pensée positive »

La mère de Gaïa était une féministe convaincue, hippie de la première heure partie s'installer en Californie. Elle a choisi d'avoir un enfant seule et n'a pas informé l'homme de passage avec lequel elle a conçu Gaïa qu'elle était enceinte.

Gaïa raconte :

> « Ma mère m'a initiée à la méditation depuis ma plus tendre enfance. Très tôt, j'ai également pratiqué le yoga et le chi gong en sa compagnie. Je m'entendais bien avec elle. J'ai été longue à prendre conscience que je n'avais pas de papa, et cela m'a manqué, surtout à la fin de l'enfance puis encore plus à l'adolescence. J'ai connu la pensée positive dès son apparition aux États-Unis. Ce mode de vie

particulier a imprégné ma vie sans que j'y prête vraiment attention. Quand je suis arrivée en France pour faire mes études, j'ai trouvé les Français très en retard, presque arriérés, fossilisés sur des vieux concepts de psychanalyse et sur une morale religieuse d'un autre âge. Lorsque la pensée positive est arrivée ici, je l'ai trouvée caricaturale et simpliste, de même que la nouvelle mode de méditation, comme s'il s'agissait d'une découverte de la nuit précédente. (Gaïa rit.) D'autant plus que les Français ont l'habitude de s'approprier les idées des autres en faisant croire qu'elles viennent d'eux ! Plus sérieusement, la façon réductrice dont ces idées étaient véhiculées en Europe m'a ouvert les yeux sur les limites qu'elles comportaient... »

Gaïa a commencé à relativiser toutes les croyances que sa mère lui avait enseignées. Deux autres évolutions sont venues compléter la déconstruction implicite, mais irrémédiable, de l'édifice de croyances et de certitudes qui constituait le référentiel de la jeune femme.

« En vieillissant, ma mère s'est laissée aller et a abandonné progressivement tous les principes qui avaient servi de cadre à mon enfance. Elle n'a plus rien à voir avec la femme qu'elle était. Elle est devenue pessimiste et plaintive. J'ai trouvé cela particulièrement dur à vivre, et très injuste, comme une révocation de sa part. Je ne savais plus sur quelles fondations m'appuyer. J'avais l'impression que je n'avais plus de valeurs et que tout partait à la dérive... Le plus éprouvant encore, si c'est possible, est arrivé avec la vague de terrorisme en France. Suite aux effroyables massacres, à Paris puis à Nice, j'ai été horrifiée et plongée dans un désespoir abyssal. Non seulement tout ce que je voyais et entendais était absolument contraire aux idéaux communautaires et pacifistes de mon enfance, mais, en plus, j'avais beau essayer d'appliquer la pensée positive à ces événements ou à leurs conséquences, je n'y arrivais pas. J'étais désemparée. Tout, en moi, résistait. Je ne pouvais pas faire cela, j'aurais eu l'impression de trahir les victimes, les morts, les blessés, leurs familles, et de me mentir de façon inadmissible. »

Gaïa est chamboulée. Elle ne sait plus quelles sont ses propres valeurs, quelles sont les pensées qui viennent d'elle ou les idées qui lui ont été imposées. Parallèlement, elle remet en question son activité professionnelle, elle exprime des difficultés à trouver sa voie. Elle voudrait quitter la sphère de la communication pour se consacrer davantage à l'être humain. Elle pense s'inscrire à une formation pour pratiquer le shiatsu.

D'autres personnes ont pu percevoir les dérives du New Age[1] et craindre un développement de l'égoïsme accompagné d'un manque de compassion réelle. Sophie explique avec finesse :

1. Aux États-Unis, dès 1980, la vogue du « penser positif » a répondu à l'appellation New Age.

« À force de lire des banalités sur la "pensée positive" et les incitations à fuir les gens négatifs, qui "se plaignent tout le temps" ou qui "envoient des ondes négatives", j'ai milité... en sens inverse. Une personne qui se plaint constamment a peut-être des raisons pour cela ! Je suis convaincue que la tentation de l'égoïsme se cache derrière la systématisation de l'obligation de bonheur. C'est une dérive que je redoute derrière l'enjouement forcé : la confusion entre le bien-être obligé et le développement spirituel, qui n'est pas une euphorie permanente. Les injonctions à "se protéger" et "penser à soi" permettent à de nombreuses personnes de laisser tomber les autres en les renvoyant à leur plainte... J'ai le souvenir d'une collègue avec qui on ne pouvait passer cinq minutes sans avoir droit à la litanie des souffrances, des accusations (le mari, le boulot, la société, etc.). Pourtant, la souffrance réelle était tellement visible derrière la souffrance prétendue que je ne pouvais pas, comme mes autres collègues, la fuir comme la peste. »

En effet, à trop vouloir évacuer ce qui est pénible et chercher à se protéger, l'on risque fort de se fermer aux réalités de la vie, difficultés, épreuves et souffrances qui existent *réellement*, qu'on le veuille ou non.

« Je suis une poupée vide »

César se dit « complètement athée et rationaliste ». Lui aussi a connu la lente usure des valeurs laïques et républicaines auxquelles il avait cru toute sa jeunesse. Non qu'il ne veuille plus soutenir ces valeurs, qui lui paraissent tout à fait essentielles, mais son métier au sein de l'Éducation Nationale ainsi que son engagement syndical lui ont maintes fois prouvé que les intérêts personnels priment très largement sur la défense de l'intérêt général et, encore plus, sur le respect de l'enfant, comme de son développement harmonieux.

César reconnaît que ses désillusions ne calment pas ses angoisses. Elles les augmentent, au contraire, mais elles ont le mérite de le pousser à chercher ce qui est « bancal » en lui.

> « Je reste bloqué. Je n'ai pas de ressentis ou très peu. J'oublie vite et réellement ce que j'ai vécu, le mauvais surtout. J'évacue. Je n'ai pas de souvenirs émouvants. Depuis toujours, je peux parler sans affect. J'ai vécu et je vis de façon désincarnée, comme si ce n'était pas moi. Mon épouse m'a aidé à me rendre compte que je peux être mutique ou désagréable. Je crois que c'est lié... J'ai grandi seul, j'ai dû me débrouiller seul. Je refuse la vie telle qu'elle est. Je suis obsédé par la mort et par la maladie. La peur d'être malade vient occuper un vide existentiel. Je voudrais pouvoir me confronter à mes vraies angoisses. »

César se souvient que, dans son enfance, il croyait que les femmes n'avaient pas d'organes. Selon lui, elles avaient seulement un corps-enveloppe, mais rien dedans ; rien qui puisse être « sale » ou s'altérer. Il croyait que, bien qu'étant un garçon, lui aussi était comme les femmes et que son corps resterait éternellement *intact*. César prend conscience que ses fréquents accès d'agressivité, ses nombreuses colères correspondent, fondamentalement, à un violent refus de l'imperfection, de l'échec, des fragilités, de la maladie, du vieillissement...

> « Je constate que je suis très autoritaire. J'empêche les autres d'exprimer leur sensibilité, comme je le fais pour moi-même... Je me sens destructeur. Pourquoi ne suis-je fier de rien ? Tout cela montre que j'accède à une forme de folie. La peur de la fin rejoint la peur de la mort qui est la fin puisque je suis athée. Le plus important, c'est ma folie, je l'ai touchée du doigt ces derniers jours. »

César a poursuivi son exploration. Les semaines, les mois ont passé. Il a énormément changé : il est très loin des gémissements sans fin qui caractérisaient son discours au cours des premiers temps de sa psychanalyse. Il est plus à l'écoute de lui-même et, progressivement aussi, plus à l'écoute de ses proches, de ses enfants notamment. Ce sont de jeunes adultes et leur tour est venu d'exprimer à leurs parents les injustices qu'ils ont vécues lorsqu'ils étaient enfants !

Cette réflexion sur les *idoles brisées*[1] fait également penser à tous ces artistes qui ont cru que le communisme allait apporter l'égalité et le bonheur aux hommes, et qui se sont précipités dans les bras de Staline, avant de déchanter. Parmi eux, le merveilleux poète Louis Aragon exprime dans « La nuit de Moscou » la reconnaissance de son erreur et l'expression de la désillusion.

> « *J'attendais un bonheur aussi grand que la mer*
> *Et de l'aube au couchant couleur de la chimère*
> *Un amour arraché de ses chaînes impies*
> *Mais la réalité l'entend d'une autre oreille*
> *Et c'est à sa façon qu'elle fait ses merveilles*
> *Tant pis pour les rêveurs tant pis pour l'utopie*[2]. »

Nous pourrions prolonger la description des déceptions et des déconvenues face à un système de valeurs, qu'il soit familial, religieux, philosophique, politique, thérapeutique, etc. Celles et ceux qui ont connu la ruine de leurs croyances ont découvert la nécessité indéniable de s'appuyer enfin sur eux-mêmes, sans plus chercher un étayage extérieur, artificiel parce que répondant au besoin infantile d'une tutelle protectrice, fréquemment fantasmée comme idéale ou toute-puissante,

1. Les dogmes psychanalytiques et leurs maîtres ne font pas exception.
2. L. Aragon (1956), p. 233, strophe XVII.

comme si – au fond – elle pouvait nous *préserver de la mort*.

D'une certaine façon, serions-nous tous des Calimero, que nous le voulions ou non, que nous lui empruntions ou non cette révolte insistante et ces protestations réitérées contre l'injustice ? Même si cette réalité est difficile à admettre, il semblerait que oui...

9

ADIEU CALIMERO

> « Le monde vous traverse et, pour un temps, vous prête ses couleurs. Puis il se retire et vous place devant ce vide que chacun porte en soi, devant cette insuffisance centrale de l'âme qu'il faut bien apprendre à côtoyer, et qui, paradoxalement, est peut-être notre moteur le plus sûr. »
>
> Nicolas Bouvier, *L'Usage du monde.*

Quelles que soient nos histoires de vie, « ce vide que chacun porte en soi » et « cette insuffisance centrale de l'âme » font de chacune et chacun de nous des êtres profondément vulnérables. Nous connaissons intimement l'effroi et la solitude radicale provoqués par l'impuissance, nous pouvons être désemparés et sans recours. Nous avons facilement tendance à désigner ces situations comme des injustices, même si nous percevons qu'il s'agit d'autre chose de plus essentiel, qui nous confronte à une fragilité intrinsèque, à notre condition d'humains.

En même temps, une fois perçue et accueillie, cette vulnérabilité est aussi la source de possibilités créatives étonnantes, qui ne demandent qu'à se déployer et se concrétiser. Avant de découvrir ces potentialités, récapitulons en revenant une dernière fois sur la trame de fond de notre réflexion, ce tissage intime de l'injustice, de la plainte et de l'insatisfaction.

En deçà du principe de plaisir

La non-satisfaction de nos attentes, de nos aspirations et de nos vœux est abusivement appelée « frustration ». N'oublions pas que ce mot très fort signifie « dépossession », « expropriation » ou même « spoliation ». Dans le langage courant, le terme *frustration* a été banalisé et réduit à l'extrême. Par exemple, on dit facilement d'une personne peu heureuse qu'elle est « frustrée », d'un enfant grognon lorsque ses parents n'accèdent pas à l'une de ses demandes qu'il « n'accepte pas la frustration », etc. Un adulte mécontent de ne pas obtenir ce qu'il veut fera valoir l'ampleur intolérable de sa contrariété en brandissant sa « frustration » comme s'il s'agissait d'un affront inacceptable...

Pourtant, nous nous confrontons tous quotidiennement à des insatisfactions plus ou moins importantes et pénibles. La malversation que nous pouvons opérer pour nous-mêmes ou dans notre théâtre social consiste précisément à présenter une insatisfaction comme une injustice et à s'en plaindre de telle sorte que nos interlocuteurs croient à cette supercherie. « Bien des gens qui s'indignent des injustices commises ne le font à vrai dire qu'autant qu'ils en sont les victimes. Aussi bien n'est-ce pas une authentique indignation, aux racines profondes », observe dans le même sens Etty Hillesum[1].

Cependant, dans notre rencontre avec le réel, la recherche de la satisfaction, si prégnante soit-elle, n'est pas la source principale de nos expériences subjectives. De façon plus fondamentale, et bien qu'elles soient couramment oubliées par certains psychistes, nous sommes mus et traversés par trois grandes dynamiques : le besoin, la peur et la douleur.

De fait, la psychanalyse avec les enfants, surtout les tout-petits, confirme l'importance essentielle de certaines questions particulièrement simples et concrètes : Qu'est-ce qui te fait mal ? De qui, de quoi as-tu peur ? De quoi as-tu besoin ? Avec les adultes, les questions sont plus indirectes ou implicites, mais elles tournent pareillement autour des mêmes axes : Quelles sont tes douleurs ? Quelles sont tes craintes ? Quelles sont tes attentes ?

---

1. E. Hillesum (1981), p. 152.

Nous avons repéré que l'injustice est une injure, également au sens de « blessure ». Nous avons écouté les récits de nombreuses personnes sur les douleurs qu'ils ont connues dans leur enfance ou plus tard. Certaines de ces douleurs ont même pu engendrer chez eux un puissant sentiment d'injustice[1]. Pour d'autres, la douleur n'est pas forcément liée à un vécu d'injustice, elle a plutôt donné naissance à une plainte, parfois encombrante et difficile à contenir ou à faire cesser. D'autres encore préfèrent ne pas se plaindre, non seulement parce que leur plainte pourrait ne pas être entendue ou paraître illégitime, mais surtout parce qu'elle réveille la douleur, une douleur tapie en eux, qu'ils préfèrent tenir tranquille. D'ailleurs, Charles Baudelaire ne commence-t-il pas un de ses fameux sonnets par une invitation bouleversante, si on l'entend réellement à partir de sa sensibilité ?

« Sois sage, ô ma Douleur, et tiens-toi plus tranquille[2]. »

Ainsi, Clément a repéré que les rares fois où il a essayé de se plaindre de maux véritables dont il souffrait, l'expression de la plainte a ravivé la douleur au point de la rendre trop présente et consciente, à peine supportable. Il confirme que, une fois lancé, le processus de la plainte

1. Voir, notamment, le chapitre 7.
2. C. Baudelaire (1857), « Recueillement ».

est difficile à arrêter. Aussi préfère-t-il ne plus se plaindre et réserver le récit progressif de ses maux aux séances avec le psychanalyste. Ce cadre protecteur lui permet de contenir, autant que possible, non seulement les lamentations, mais surtout la virulence volcanique de la douleur. Jessica et Antoinette confirment aussi cette observation.

Les peurs, conscientes ou non, sont nombreuses dans nos existences. Beaucoup moins liées à l'injustice, elles peuvent néanmoins engendrer indirectement diverses récriminations, protestations ou réclamations, par exemple cette illusoire exigence de « sécurité », dont nous connaissons tous à quel point il est impossible de la garantir.

David fait partie de ces personnes qui, comme Fatima ou tant d'autres, ont choisi de ne pas se plaindre. De plus, il a de grandes difficultés à tolérer l'expression de la souffrance chez autrui et, du fait de sa gêne, la considère comme des « lamentations ridicules » lorsqu'il n'est pas trop dur ou comme des « gémissements insupportables » lorsqu'il est de mauvaise humeur. Après de longs mois durant lesquels il a peu parlé de lui, David en vient timidement à confier ses fragilités. Il explique avoir beaucoup de craintes : « J'ai peur de l'autre et du contact, peur du rejet, peur de l'échec. Alors, je louvoie, je fais des circonvolutions. » Il évoque progressivement d'autres appréhensions : peur de déplaire, d'être jugé, d'être dévoilé et, surtout, d'être agressé.

« Cela m'a rendu très fuyant. J'évite tous les lieux et toutes les situations qui me font peur. »

David explique aussi qu'il se sent très infantile :

« Je suis resté un petit gamin, un mioche. »

Il est une sorte de « Calimero silencieux », continuellement inquiet. Paradoxalement, s'il ne se plaint pas de ce qu'il vit, surtout pour ne pas avoir à s'exposer, David maugrée inlassablement sur la société, la politique, son travail, etc. Il est extrêmement critique et cela assombrit son existence.

Pendant encore longtemps, David a assuré ne pas souffrir, ne ressentir aucune douleur. Au détour d'une simple question sur ce dont il aurait eu besoin, enfant, lorsqu'il se sentait si démuni face à ses parents, cet homme a pu retrouver l'accès à sa sensibilité.

Calimero : de la douleur au besoin

Les formules « enfant intérieur » ou « enfant dans l'adulte » sont des images qui parlent à certains alors qu'elles en font bondir d'autres, chacun pour des raisons tout aussi valables. Disons que l'instance infantile, celle qui a connu l'angoisse du *désemparement,* ce Calimero interne, cet être blessé et sans recours, aurait eu besoin, au moment où il faisait l'expérience de la détresse, qu'un autre humain s'approche de lui et lui demande, par exemple : De quoi as-tu besoin ? Que souhaites-tu que je te dise ou que je fasse pour toi ?

Bien souvent, les personnes qui ont répondu à l'enquête confient qu'elles auraient eu besoin d'une simple écoute, de compréhension et d'empathie, de respect aussi. Christopher laisse sortir un cri du cœur :

> « J'aurais voulu qu'on m'écoute, même sans me réconforter, simplement qu'on m'écoute, pour me sentir valable et important comme les autres. »

D'autres expriment, avec autant de simplicité, le besoin de présence et d'attention. Élisabeth s'exclame :

> « J'aurais aimé que quelqu'un s'assoie en face de moi, me demande ce que je pense, ce que j'aime ou ce que je n'aime pas, de quoi j'avais besoin. Que quelqu'un me dise "Je vais t'expliquer", comme à une personne réelle, quelqu'un qui existe vraiment. J'aime tant apprendre, comprendre. »

Fatima précise que son besoin était essentiellement que ses désirs soient entendus, notamment ses aspirations concernant les études et son goût pour la connaissance. Parallèlement, elle aurait souhaité que l'on ne la juge pas...

Masha déclare très sincèrement :

« Je crois que je cherchais du soutien, du réconfort, une forme d'affection, peut-être même des preuves d'amour. Je me sentais toujours impuissante. J'avais toujours besoin d'un bâton pour me soutenir et je n'arrivais pas à le trouver. Au fond, j'avais peut-être aussi besoin de me sentir un centre d'intérêt dans ma famille pour la première fois de ma vie, de sentir qu'on était fier de moi. »

Ces témoignages sont très voisins les uns des autres malgré les grandes différences d'âge, de milieu sociologique et d'environnement culturel des personnes interrogées. Le fond humain transcende ces disparités. Plus encore, ces aveux sont désarmants par leur simplicité et leur sincérité. Ils vont à l'essentiel : *face à l'impuissance et à la solitude, existe ce besoin d'amour, de présence, d'attention, d'écoute, de soutien*...

Nous pourrions presque clore cet essai sur ce constat majeur, élémentaire en apparence, qui met en évidence ce que recouvre la vulnérabilité fondamentale en tout être : le profond désir d'exister pour autrui, d'avoir de la valeur à ses yeux. Ce serait un constat encourageant. Toutefois, la réalité n'est pas forcément aussi simple.

L'être humain, sous l'influence du poids, voire des rudesses, du théâtre social, a *aussi* ce penchant obstiné à désigner l'autre comme fautif, principal ou seul responsable de ses maux. Peut-être abordons-nous là l'aspect le plus épineux de la plainte qui semble injustifiée, et en devient insupportable pour l'entourage ?

Réussir là où le paranoïaque échoue

Tout un programme, direz-vous ? À juste titre ! La formulation est saisissante. Elle émane de Sigmund Freud lui-même. Dans une lettre devenue célèbre, datant du 6 octobre 1910 et adressée à Sándor Ferenczi, il écrit : « J'ai réussi là où le paranoïaque échoue. » Freud peut paraître péremptoire. Comment peut-il être si sûr de lui ? Le psychanalyste viennois est probablement aveuglé par son vœu d'être plus autonome et de retrouver sa liberté de pensée. La puissance de son désir d'indépendance pourrait alors en venir à occulter pour une part la complexité de la réalité[1].

Revenons brièvement sur le contexte de cette lettre pour mieux en saisir les implications pour notre propos. Au moment où Freud l'écrit, il s'efforce de prendre ses distances avec Wilhelm Fliess et de se défaire de la considérable influence que ce médecin berlinois a eue sur lui depuis leur rencontre en 1887, à travers une correspondance passionnée, très nourrie et quasi quotidienne, qui a

1. De nombreuses exégèses et études historiques ont essayé de repérer les conséquences importantes de cette lettre sur le devenir de la psychanalyse et des écoles de psychanalyse. Voir, par exemple, C. Azouri (2015).

permis à Freud de commencer à conceptualiser la psychanalyse.

De surcroît, Freud essaie de prendre la mesure de l'attraction et de l'affection de nature homosexuelle qui le liaient à Fliess. Cette mise en conscience est d'autant plus importante que Freud considère, à cette époque, l'homosexualité niée ou non reconnue comme une source majeure des troubles paranoïaques, associant une nette mégalomanie à des délires systématiques de rédemption, de persécution ou d'interprétation. Ces troubles se caractérisent aussi, plus particulièrement, par la tendance à attribuer à autrui ce qui est occulté en soi, appelée « défense projective » dans un vocabulaire plus technique[1].

Ainsi, au sein du même paragraphe de cette lettre, Freud affirme ne plus avoir besoin ni de « révéler sa personnalité » ni de s'appuyer sur autrui (« l'investir », écrit-il), et pouvoir alors « élargir son propre moi », idée la plus importante de la phrase. Un peu avant, Ferenczi découvre ou invente le concept fondamental d'*introjection*, qui consiste précisément à « élargir son propre moi », c'est-à-dire à accroître sa conscience à partir de ses expériences vécues[2].

Plus concrètement, concernant la plainte, le fait de ne pas se centrer uniquement sur soi-même,

1. S. Freud (1911). Pour mieux comprendre le mécanisme de la « projection », voir S. Tomasella (2015).
2. S. Ferenczi (1909). Cette capacité fondamentale concerne tout un chacun.

de ne pas attendre trop de l'autre et d'ouvrir son regard à une vision plus large aide à moins se lamenter et à ne pas s'enfermer dans des jérémiades sans fin.

À propos de jérémiades, voici une lettre émouvante et empreinte de sagesse du tout jeune Gustave Flaubert à Ernest Chevalier (le 15 avril 1839) ; il n'a alors que 17 ans.

> « Tu me plains, mon cher Ernest, et pourtant suis-je à plaindre, ai-je aucun sujet de maudire Dieu ? Quand je regarde au contraire autour de moi dans le passé, dans le présent, dans ma famille, mes amis, mes affections, à peu de chose près je devrais le bénir. Les circonstances qui m'entourent sont plutôt favorables que nuisibles. Et avec tout cela je ne suis pas content ; nous faisons des jérémiades sans fin, nous nous créons des maux imaginaires (hélas ! ceux-là sont les pires) ; nous nous bâtissons des illusions qui se trouvent emportées ; nous semons nous-mêmes des ronces sur notre route, et puis les jours se passent, les maux réels arrivent, et puis nous mourons sans avoir eu dans notre âme un seul rayon de soleil pur, un seul jour calme, un ciel sans nuages. Non, je suis heureux. Et pourquoi pas ? »

En allant encore plus loin, invoquer une iniquité, protester ou se lamenter revient en quelque sorte à *reprocher à autrui ce que l'on est ou ce que l'on fait soi-même*, donc ce que l'on pourrait se reprocher à soi-même, y compris les injustices que l'on a commises. César peut désormais reconnaître honnêtement :

> « J'en ai marre des cache-misère que sont les Juifs, les Arabes, les homosexuels. Je n'arrête pas de râler contre eux. Ce sont mes boucs émissaires. Je me rends bien compte que ces exutoires disparaissent quand je vais bien. En plus, la façon que j'ai de les invectiver n'est pas rationnelle, elle dérive de superstitions dont je ne suis pas fier, moi qui me prétends tellement rationnel. »

Quelques semaines après avoir fait ce constat, César repère également les rituels quotidiens dont il croit avoir besoin pour conjurer ses nombreuses peurs. Plus profondément encore, quelques mois plus tard, il est capable d'identifier sa douleur :

> « Mes délires, le stress extrême engendré par mes refus montrent l'état psychique ultra fragile dans lequel je suis. Au fond de moi est enfouie une douleur que je n'arrive pas à dire, liée à une mauvaise conception de moi-même, une haine de moi… »

Un tel rejet de soi est porteur de conséquences tout à fait dommageables, qui ne font qu'accentuer le malheur dont la personne se plaint.

Jessica déplore :

« Je me détestais tellement que je n'ai plus jamais laissé quelqu'un m'aimer parce que je croyais que j'allais lui faire du mal. »

Elle perçoit que cela a créé un vrai drame dans sa vie, comme une malédiction qui a enfermé son existence dans le malheur.

« Même moi, je suis devenue un sujet tabou, poursuit-elle. Je portais la honte sur moi, j'ai fini par croire ma mère lorsqu'elle me rabrouait : je me sentais redevable, coupable, mauvaise, méchante... »

L'absence d'amour, ou même de considération, pour soi-même est fréquente chez les personnes qui se sentent victimes d'injustices ou qui se plaignent facilement. Masha le découvre aussi :

« En fait, cette tendance à la plainte était sans doute liée au fait que je n'aimais pas la personne que j'étais, ainsi qu'à l'idée que je ne pourrais jamais changer cette personne, que je devrais faire avec toute ma vie. »

Les Calimero se croiraient-ils volontiers victimes du sort et soumis à une fatalité, voire à une malédiction qui s'acharnerait contre eux ? Leurs gémissements et leurs doléances auraient alors pour fonction de le prouver à leur entourage et de le prendre à témoin.

De son côté, Medhi explique comment, jusqu'à récemment, il se sentait tout le temps visé, comme si ce qui arrivait était forcément et volontairement dirigé contre lui. Aujourd'hui, s'il croit ou craint que quelqu'un lui « manque de respect », il respire, il ne se formalise plus, « et ça passe », observe-t-il...

« Il me manque de respect », proteste un jour Laurence, hors d'elle, en parlant d'un homme rencontré récemment qui est allé en séduire une autre ! À quelle place se met-elle pour affirmer avec véhémence cette récrimination ? Comme si elle réclamait un dû. Elle comprend peu à peu que la virulence de ses reproches venait recouvrir la douleur de se sentir trahie et qu'elle aurait voulu pouvoir exprimer sa déception, son dépit, sa jalousie... et sa solitude.

Parfois, en fait, se croire ou se prétendre maltraité par le sort n'est pas complètement étranger à une forme d'espoir superstitieux en un salut irrationnel. Comment quelque puissance protectrice ne se laisserait-elle pas émouvoir par des plaintes si déchirantes ? La personne dolente et gémissante semble doter autrui d'un pouvoir surnaturel. Baissant les bras, renonçant à une exploration de soi qui pourrait remettre en question des constructions mentales échafaudées depuis des années, elle se persuade – et le plus souvent, encore une fois, à son corps défendant – que, nécessairement, le destin va conduire vers elle un être capable de résoudre toutes ses difficultés.

Comme par magie, surgira sans doute un héros protecteur, un prince charmant qui pourvoira à tout. Antoinette en rit aujourd'hui :

> « J'attendais le messie, un bienfaiteur qui fasse tout pour moi, et que je puisse vivre sans me poser de questions, sans avoir à faire d'efforts. Je cherchais quelqu'un qui me décharge de tout, une sorte de sauveur-protecteur-magicien. »

Ne plus reprocher à l'autre ce que je me reproche secrètement à moi-même, ne plus le définir injustement ou le cataloguer de façon injustifiée en fonction de ce que je n'ose pas m'avouer, ne plus l'accuser des caprices ou des méfaits que je nie avoir commis me libère, assouplit mes relations et les allège du poids de bien des imprécations contre autrui, tout en permettant de mieux me connaître moi-même, de mieux m'accepter et m'apprécier.

Porte-parole des ancêtres

Pour certains, il est alors possible de repérer combien ils peuvent – de surcroît – se croire responsables des injustices subies par leurs ascendants, et en quelque sorte se faire le truchement de leur plainte inexprimée. Fatima a longtemps porté le fardeau de la tristesse de son père. Une tristesse aux motivations bien réelles, découlant de la façon tellement injuste dont les parents de son père l'avaient empêché d'aimer et d'épouser sa fiancée. Joan a soutenu sa mère en écoutant ses confidences et en la protégeant contre la violence de son père pendant de longues années ; elle regrette aujourd'hui d'avoir sacrifié sa jeunesse.

Rosalie, Masha, Élisabeth, John et Maxime ont, eux aussi, connu bien des souffrances étrangères à leur personne, du fait des impasses de leur système familial.

Soraya raconte un rêve. Elle est témoin des retrouvailles d'une fratrie fâchée. Elle ressent les émotions de cette famille qui n'est pas la sienne, comme si elle était immergée dans leurs émotions, comme si elle était obligée de les ressentir. Elle établit une relation entre ce songe et son histoire. Bébé, elle a été abandonnée. Elle a connu de multiples lieux d'accueil, puis une adoption tue et cachée, de nombreuses adaptations à des environnements différents.

> « J'ai dû "faire comme si" chaque fois et me mettre au diapason des autres pour être acceptée et ne plus risquer d'être rejetée. »

Soraya s'est calquée sur les mêmes émotions que celles de son environnement en s'ajustant aussi au langage non verbal de ses proches.

« Mes parents adoptifs avaient l'habitude de se plaindre. Ils se lamentaient jour après jour, sans pouvoir s'arrêter. Pendant très longtemps, j'ai adopté la même attitude moi aussi. J'essaie de m'en défaire... »

Beaucoup se rendent compte qu'ils risquent alors de « tourner en rond », de reproduire les mêmes doléances ou lamentations que leurs parents, donc d'entretenir le malaise qui les pousse à maugréer. Cette prise de conscience les aide à se dégager de la répétition d'un schéma stérile de discours faits de gémissements et d'invectives.

Dans d'autres configurations, plus rares, l'enfant peut avoir décidé relativement tôt de se différencier nettement d'un groupe familial plaintif, par exemple en misant sur la réussite scolaire et l'ascension sociale, en développant ses capacités à diriger une équipe, etc.

Léon vient consulter alors qu'il se retrouve à la retraite. Ses occupations professionnelles ont rempli toute son existence jusque-là. Même s'il essaie de s'engager dans différentes associations et de s'inscrire à de nombreuses activités, Léon sent un malaise en lui, comme s'il était en décalage avec lui-même. Les premiers mois de sa psychanalyse l'aident à percevoir et à reconnaître qu'il s'est coupé de ses émotions et qu'il continue à exister sur le modèle d'un perpétuel « je m'active, je fais bien, je réussis ».

Pour aider Léon à retrouver sa sensibilité de tout petit enfant, le praticien lui propose de dessiner de la main non directrice (pour lui, la main gauche) des dessins très colorés, puis de faire des collages, enfin de peindre avec les doigts. Léon apprécie beaucoup ce qu'il considère d'abord comme des exercices, qui ensuite deviendront des jeux. Il savoure les retrouvailles avec ses sensations puis ses émotions et constate qu'il est devenu plus serein.

Léon reconnaît :

> « Ma mère n'exprimait pas ses émotions, mais un long gémissement quotidien, comme si son malaise durait jour après jour, sans lui laisser de répit. Elle ne semblait jamais contente. »

Il la décrit comme « un jardin emmuré et desséché, qui ne peut pas fleurir ». Il compare son père, très austère, à un désert aride. « Les sentiments sont des oiseaux. S'il n'y a pas de jardin, s'il n'y a qu'un désert, les oiseaux ne viennent pas », explique-t-il de façon imagée. Léon habite une grande maison dans la nature. Il apprécie énormément de pouvoir jardiner, de voir son jardin prospérer et fleurir.

> « Je crois que je suis en train de lâcher le mental, le jugement aussi. Je m'amuse, je joue comme un enfant, comme l'enfant que je n'ai pas été, j'accepte

enfin d'être fantaisiste, farfelu même, de prendre le temps du plaisir et de la légèreté. »

Pour ceux, comme Léon, qui ont « hérité du labeur et de l'austérité », cette transformation de leur personnalité semble « radicale »...

Quitter l'habit ancien et changer de rôle

Les mutations opèrent progressivement. Elles ne sont pas perceptibles d'emblée par la personne concernée elle-même, mais plutôt par des proches qui mettent en évidence un regard nouveau ou une façon différente de s'exprimer. Dans l'optique de notre recherche, ces changements consistent souvent à ne plus considérer les remords, les regrets, les déceptions, ou même les désagréments ou les mauvaises surprises, comme des injustices...

Ces « injustices » qui n'en sont pas

La complexité du monde, une météo défavorable pendant les vacances, ne pas avoir tout ce que l'on veut ne sont pas des injustices ! D'autres situations rendent le discernement plus ardu. Il est alors nécessaire d'être plus nuancé... Prenons le cas d'un recrutement. Il se peut fort bien que la personne recrutée le soit sur des critères... réellement injustes et injustifiables. Sophie se rappelle une commission de recrutement à laquelle elle appartenait.

« Nous devions recruter un maître de conférences en littérature du XIXe siècle. Une candidate remarquable s'était présentée. Elle portait un blouson de cuir. Dans la commission, deux membres étaient ultra réactionnaires. Cela a suffi à ce qu'elle ne soit pas recrutée. L'homme qui a été élu portait un costume et une cravate. Il s'est révélé un piètre enseignant… »

Dans des situations différentes, s'il n'y a pas d'iniquité ou de favoritisme patents, la réussite de l'autre, lorsqu'elle me ramène à mon propre échec, n'est pas forcément injuste, même s'il est tentant de se dire : « C'est injuste, pourquoi elle, pourquoi lui, et pas moi ? » Lorsqu'en plus, cette réussite est indépendante de ce qui m'arrive, il est possible de s'en réjouir pour l'autre plutôt que de lui en vouloir…

Plus profondément, le manque d'amour, réel ou supposé, peut être vécu comme une injustice.

Au cours d'une relation récente qui s'est mal terminée, Hélène a idéalisé son partenaire, tout en croyant à une apparence d'amour de sa part, alors qu'elle s'est rendu compte au moment de la rupture qu'elle n'avait pas du tout été aimée. Tentée de se considérer comme défavorisée par rapport à ses attentes ou à ses amies, elle a préféré observer la réalité décevante telle qu'elle était, sans la travestir en injustice pour chercher à se faire plaindre.

Enfant, Charles n'a reçu que des « miettes d'amour » de la part de sa mère. Il attendait qu'elle lui témoigne plus d'affection alors qu'elle se consacrait principalement à son frère handicapé. Depuis qu'il a cessé de voir cette disparité comme une injustice, il dit ne plus en vouloir à son frère et se sentir mieux.

Soraya a mis du temps à accepter le fait que ses parents lui demandaient d'être parfaite pour pouvoir lui témoigner, en public, quelques marques d'estime. Il ne s'agissait pas d'amour mais de récompense face à une demande de perfection sociale. Elle ne sait pas pourquoi ses parents l'ont adoptée, mais elle a compris qu'ils étaient démunis et avaient essayé de se rendre, eux, irréprochables.

D'autres situations peuvent être considérées, de prime abord, comme des injustices, par exemple un accident, une maladie, un dommage matériel, alors qu'à la réflexion, ou simplement avec le temps, ils perdent cette qualification et retrouvent leur poids de réalité.

Parmi les personnes qui ont participé à l'enquête, en dehors des injustices sociales inacceptables, nombreuses sont celles qui, avec le recul, désignent comme étant de réelles injustices les attentats, les morts violentes et le décès de jeunes ou d'enfants. Pour elles, la peine, le chagrin, la préférence pour tel ami ou même pour tel enfant, l'incompréhension, l'antipathie voire l'animosité, ne constituent pas des injustices en tant que telles, même si elles peuvent donner naissance à un sentiment d'injustice. Elles insistent sur la nécessité de voir plus large, d'accepter la complexité de la réalité et de discerner les enjeux en présence.

Comment se libérer du poids de l'injustice ?

À cette question, les personnes interrogées ont répondu diversement : par la psychanalyse, ou grâce à une thérapie, « en mettant des mots sur mes ressentis », par le chant, la musique, la sculpture, ou une autre activité artistique, par les voyages, etc.

Lisa remarque :

> « En prenant la juste mesure de mes qualités, de mes aspirations, de mes buts et du sens que je donne aux choses, aux actes, à l'existence. En me sentant autonome et libre du regard des autres. » De son côté, Maria constate : « Je suis plus capable de voir d'où viennent mes peurs : violence, rejet de l'autre, égoïsme, harcèlement… »

Pour Masha, la libération s'est faite à travers un échec, suivi d'une prise de conscience.

> « Mon attitude de Calimero m'avait uniquement poussée à une sorte d'autosabotage. J'ai compris que je passais mon temps à scier la branche

sur laquelle j'étais assise. Je consultais déjà un psychiatre régulièrement pendant l'année du concours. À la fin de l'année scolaire, mon médecin et moi avons décidé qu'il était temps de guérir pour de bon de cette morosité qui durait depuis trop longtemps et qui avait fini par m'empêcher de vivre. J'ai commencé une thérapie sérieuse, avec des rencontres hebdomadaires. Cette thérapie n'a pas changé mon histoire, mais elle m'a permis de ne plus en vouloir à ma famille, et surtout à mes parents, du peu de valeur et d'intérêt qu'ils m'accordaient. »

Lui aussi souvent traité de Calimero pendant des années, Ange a pris du recul :

« Je me suis libéré de ce mauvais rôle avec une certaine réussite de ma vie, en devenant indépendant des adultes référents de mon enfance et avec une forte volonté, parfois révoltée et colérique, de ne plus subir ce type de personnes méprisantes et cruelles. Plus récemment, en lâchant prise. Je continue à râler vis-à-vis du monde extérieur, mais je ne suis plus plaintif envers moi-même. »

Fatima dit ne pas avoir été traitée de Calimero, mais plutôt d'insatisfaite, alors que pourtant elle ne demandait d'aide à personne pour financer ses études et ses loisirs...

« Très tôt dans mon enfance, j'ai compris que personne n'était vraiment responsable consciemment des injustices que j'ai connues. »

Pour les personnes engagées dans un processus thérapeutique, le consultant observe fréquemment un changement de positionnement personnel face aux autres et à la vie.

Une nouvelle position subjective

Adopter une attitude différente s'accompagne de plus de souplesse, de plus de légèreté aussi, comme nous avons déjà pu le constater, avec Léon par exemple. Pour certains, il s'agit de passer d'un mode d'existence qui consiste à survivre et à se sentir très souvent dans l'urgence, à la possibilité de vivre, et même de *se laisser vivre*, d'être là tout simplement. D'autres réussissent à mieux se situer et à s'affirmer plus clairement.

Heidi raconte ce basculement :

« Le déclic a été le mariage de tous mes amis. Je suis restée la seule célibataire. C'est surtout le départ de mon meilleur ami à l'étranger, à plus de dix heures d'avion d'ici, qui a été un choc pour moi. J'ai décidé de renverser la vapeur. Je me suis rendu compte que j'étais un Calimero vraisemblablement parce que je manquais d'affection physique et morale de la part d'un homme. J'essaie de ne plus faire la victime. J'essaie de lâcher du lest. Je commence à vraiment m'aimer. Le Calimero a beaucoup de peurs qu'il élimine une par une grâce à son courage et à sa décision de devenir profondément heureux. »

Peut-on dire qu'Heidi a accepté de grandir, de ne plus attendre que les idées, les solutions ou même simplement les bons moments viennent des autres mais d'elle-même ?

Lisa affirme s'être transformée sur le divan de son psychanalyste :

« Certains dans mon entourage sont fiers de mes changements. Un autre, très, très proche, ne les a pas vraiment constatés... Je prends soin de ne jamais me plaindre. Je n'en ai pas la moindre envie. Je ne reconnais plus à la plainte de rôle libérateur. Cependant, j'accueille et écoute attentivement celle de l'autre, lorsqu'elle s'exprime... et je remarque parfois un enfant, encore tout petit, dire : "C'est pas juste..." Le sentiment d'injustice apparaît très tôt, n'est-ce pas ? »

Plutôt que de demander à être reconnue par d'autres ou un autre en particulier, Lisa a appris à se connaître et à s'aimer. Elle n'attend plus de gratifications ou d'encouragements.

Christopher essaie de moins se plaindre et y parvient lorsque son entourage favorise cette attitude.

« J'ai du mal à perdre cette mauvaise habitude, elle s'efface d'elle-même quand je suis dans un environnement positif ! »

Réciproquement, lorsqu'une personne considérée comme pesante, du fait de sa tendance à maugréer ou à gémir, arrive à moins se lamenter, ses proches en sont soulagés, voire ravis. Heureusement d'ailleurs, la transformation peut aller beaucoup plus loin, comme l'explique Masha :

« Cette thérapie m'a permis de me transformer, ce que je pensais impossible au début. Je vois que mon entourage l'a remarqué. Je suis plus enjouée, plus naturelle, moins grave. Mon changement d'apparence physique a aussi été remarqué par mes amis et ma famille. Je ressens aussi plus de choses, j'en reste moins aux apparences. Je suis beaucoup plus en forme qu'avant. Plusieurs personnes m'ont dit cette année que j'avais un beau sourire ou que j'étais jolie, ce qu'on ne me disait pas avant. »

Pour bien des individus, comme pour Antoinette ou pour Ange, ne plus jouer les Calimero est également passé par un choix clair et net de ne plus supporter l'insupportable sans rien dire, de poser des limites précises, de se déterminer avec exactitude, de s'exprimer clairement aussi, de s'affirmer avec franchise et fermeté lorsque cela devient nécessaire...

Béatrice a créé une « boîte à colères » pour ses filles et pour elle. À la maison, chaque fois que l'une d'elles est mécontente, plutôt que d'envahir les autres avec son mécontentement, elle écrit les raisons de son irritation sur un bout de papier et le dépose dans la boîte à colères. Personne ne regarde ce que les autres écrivent, il s'agit simplement d'un lieu dédié pour déverser sa mauvaise humeur. Bien entendu, cela n'empêche pas les discussions lorsqu'elles sont nécessaires...

Comme il n'existe aucune recette miracle et que nous sommes tous singuliers, chacun développe les pratiques qui l'aident à se libérer *patiemment* de la plainte[1]. Jessica écrit des poèmes, Cindy s'est mise à apprendre le violon, Laurence développe la douceur et l'humour dans son existence quotidienne, Simon fait plus de compliments et accepte ceux que les autres lui renvoient, Ulysse se fait masser, Soraya apprend à se relaxer, etc.

Tout au long de ce parcours, l'essentiel est de ne pas s'assigner d'objectif trop direct, trop précis ou trop exigeant, mais de cheminer avec souplesse et sérénité, de faire preuve de compréhension autant

1. Ce processus est très progressif, il est souvent long et lent ; il requiert nécessairement beaucoup de patience. Par ailleurs, il n'est ni évident ni facile. Enfin, nous n'oublions pas les personnes souffrant par et pour un être plaintif qu'elles voudraient aider, particulièrement ces proches qui constatent le poids des récriminations réitérées dans la vie d'une personne qui leur tient à cœur. Nous y viendrons dans le chapitre suivant.

que de patience, d'*être aimable avec soi-même*. Certaines personnes n'ont même pas cherché consciemment, volontairement, à ne plus être semblables à Calimero, à ne plus voir des injustices partout ou craindre d'en rencontrer à tout moment, à ne plus gémir ; elles se sont transformées simplement, progressivement, en suivant le cours naturel de leur existence, en se laissant porter par la vie.

En effet, le plus souvent, à trop vouloir obtenir un changement, nous provoquons un durcissement, nos résistances s'accroissent, nos forces vitales se cabrent. Il vaut mieux avoir confiance et laisser faire le temps, d'autant que la vraie question qui émerge de cette recherche se révèle en fin de compte concerner la *justesse* bien plus que la justice...

10

ÊTRE JUSTE... ET JOYEUX !

> « L'inconscient fonctionne comme la parole, comme une parole inachevée, exactement comme une parole en attente d'achèvement. [...] La psychanalyse est l'art de soigner par la parole menée jusqu'au bout. »
>
> Pierre Delaunay, *Les Quatre Transferts.*

La citation qui précède met en évidence un des axes majeurs de la pensée du psychanalyste Pierre Delaunay. Il explique avoir trouvé cette idée chez Freud. Dans les *Études sur l'hystérie,* Freud parle de « retard de reconnaissance » et de « pensées inachevées » pour caractériser l'inconscient. « En pareil cas, la thérapeutique consisterait simplement en l'achèvement d'un acte psychique resté jadis inaccompli[1]. »

Ce projet est valable pour chaque démarche thérapeutique, bien entendu ; il se révèle particulièrement

1. J. Breuer, S. Freud (1896), p. 243.

pertinent en ce qui concerne la plainte, lorsqu'elle est installée. Un acte psychique peut rester inaccompli de diverses façons. Les plus connues concernent le refoulement, la dénégation, le déni mis en œuvre par le sujet lui-même, autant que les surdités, les aveuglements ou les désaveux de son entourage. Il peut être également question de l'attente d'une reconnaissance qui n'est pas venue, concernant une injustice ou tout autre événement marquant que personne n'a attesté comme ayant été grave et douloureux pour celui qui l'a vécu. Cette *attente de reconnaissance* est en fait sous-jacente à la plainte, la nourrit et soutient la persévérance parfois obstinée de son affirmation.

Dans ces situations, effectivement, une thérapie est nécessaire pour que le patient puisse enfin bénéficier de l'écoute, de l'empathie et de la reconnaissance dont il a cruellement manqué jusque-là. Le thérapeute accueille le patient comme il est, avec son histoire telle qu'elle est. Le patient fait l'expérience d'une liberté complète de sa parole et du respect de ce qu'il exprime, y compris ses émotions, qui sont des paroles encore non abouties et ouvrent l'accès à l'inconscient, à ce qui a été enfoui ou qui est resté ignoré.

Connaître ses limites

La notion de limite est abusivement utilisée dans le langage psychologique vulgarisé, à travers des « états » ou des « personnalités » qui sont affublés du qualificatif péjoratif « limites » (*borderline* en anglais, qui signifie « frontière » d'ailleurs). Ici, il ne s'agit pas d'avoir recours à cette idée fourre-tout, mais d'interroger réellement les limites des phénomènes que nous avons explorés tout au long de cet essai. Nous allons le faire dans trois directions : les écueils d'une évolution positive vers l'atténuation de la plainte, l'expérience décevante de ses propres limitations, l'affirmation d'un seuil de protection vis-à-vis d'autrui.

« Je rechute »

Après de longues ou très longues périodes durant lesquelles certains patients ont réussi à ne plus se plaindre, ou à se lamenter nettement moins, il peut leur arriver d'être désagréablement surpris de constater le retour de leurs protestations. Il est essentiel de mettre en évidence cette réalité bien humaine, car elle est présente au cours de chaque thérapie, et plus largement au sein de tout processus d'évolution.

D'abord, aucune progression humaine n'est définitive ou même linéaire. Ensuite, du fait même de l'existence de l'inconscient, donc de tout ce sur quoi nous n'avons aucune prise, nous pouvons être troublés ou déboussolés par un songe ou une série de rêves, la résurgence de souvenirs, le retour imprévisible d'éléments que nous avions refoulés, etc. Enfin, notre entourage et le monde autour de nous ne sont pas neutres : ils nous apportent toutes sortes d'informations et de stimuli que nous recevons diversement selon leur nature, qui peuvent nous perturber ou nous fragiliser plus ou moins durablement et profondément.

Après une période de tranquillité, durant laquelle il avait de plus en plus confiance en lui et en la vie, Ulysse se sent mal à l'aise et recommence à gémir. Il met trop facilement l'ensemble de son malaise sur le compte du retour de ses maux de ventre, mais son médecin pointe très justement un mal-être psychique à l'origine de la réapparition de ses désordres somatiques. Pendant quelques séances, Ulysse cherche en lui-même, en avançant certains événements qui l'ont désappointé, ainsi qu'une cohabitation un peu difficile avec son fils durant les vacances, une reprise du travail avec une surcharge d'activité, etc. Tout cela l'a déstabilisé, sans aucun doute. Toutefois, lors d'une séance où il se plaint même du manque de disponibilité de ceux qui prennent soin de lui, le psychanalyste lui fait remarquer la volonté impérieuse avec laquelle il demande à être soulagé sans délai, comme s'il était seul au monde et les autres à sa disposition. Un peu plus tard, Ulysse se cabre même en affirmant : « Les autres, je m'en fous ! »

Ulysse vient de se cogner contre ce Réel qu'est son propre *égocentrisme*, ce roc qui lui semble inexpugnable car il l'a posé comme le socle et le rempart de son existence[1]. Pour justifier son égoïsme, il dit qu'il a assez de ses problèmes et qu'il ne veut pas s'occuper de ceux des autres... Là encore, cette conception extrêmement réductrice quant à sa façon d'être en relation avec les autres le prive du meilleur de la vie et, surtout, de ce qui l'aiderait à se libérer de ses fixations et à aller mieux. Comme Line, César et d'autres, Ulysse défend malheureusement bec et ongles ce qui le rend malheureux : son repli stratégique sur lui-même, la déconsidération d'autrui, son manque de générosité et la sécheresse de son cœur.

La lucidité du praticien n'empêche ni sa bienveillance ni sa sollicitude. Elle est néanmoins nécessaire, car le psychanalyste est un « miroir symbolique » pour ses patients, miroir sans lequel ils ne pourraient pas discerner progressivement qui ils sont réellement[2]. Comme toute démarche initiatique, une psychanalyse n'est pas seulement,

1. Freud affirmait que la fin d'une psychanalyse pouvait ne pas correspondre à une résolution « accomplie », mais qu'elle butait alors plutôt sur un « roc », qu'il a nommé « continent noir ». Ce continent serait, pour l'homme, celui du « féminin » ; disons, plus largement et pour tous, qu'il s'agit de la *sensibilité*...

2. Bien entendu, le rôle du praticien ne se résume pas à cette seule fonction. Une démarche thérapeutique s'inscrit d'abord et fondamentalement dans le cadre d'une relation humaine réelle. Voir J. Dupont (2015).

ou pas tellement, une méthode de mieux-être mais, surtout, un véritable *chemin de connaissance*...

« Je me déçois »

D'autres patients, même s'ils se plaignent peu ou ne reviennent pas à leur ancienne habitude de se lamenter, peuvent aussi faire l'expérience pénible de se confronter répétitivement à leurs limites. Dans ce cas, il est possible que leur propre lucidité ne soit pas suffisamment contrebalancée par l'acceptation, la douceur et l'empathie envers eux-mêmes.

David revient sur ce qu'il considère comme son « immaturité d'un enfant de 3 ans » et sa façon d'être extrême, entre tout ou rien.

> « Je suis très centré sur moi-même. Je n'arrive pas à vivre de relation simple. Je manque de repères relationnels, un peu comme si mes parents ne m'avaient jamais donné les bonnes clés... Je me suis rêvé un homme fort et stable. Je suis tout sauf ça ! Je n'arrive même pas à être convaincant alors que je passe mon temps à faire semblant. J'ai peur qu'on découvre à quel point je feins de ressembler à quelqu'un que je ne suis pas... Je ne sais pas ce que j'attends. Ce n'est pas une vie pour moi. Je ne suis pas satisfait de moi, mes comportements ne me conviennent pas. »

De nouveau, le psychanalyste laisse entendre que David a tendance à se juger très durement. Pour la première fois, cet homme silencieux et retenu semble acquiescer du bout des lèvres. Une poignée de main plus franche et un léger sourire au moment du salut viendront le confirmer.

En fait, ce que nous croyons être des défauts peut ne correspondre qu'à ces *déceptions* qui pèsent sur nous, tant nous voudrions être différents, meilleurs, plus proches de nos idéaux. Si l'égocentrisme est un des noyaux durs de ces complaintes infinies insupportables pour les proches, l'idéal — ou un idéal trop élevé – peut également se trouver à la source de ces insatisfactions. Paradoxalement, à vouloir trop bien faire, trop bien « être », certains deviennent des « fâcheux », constamment mécontents d'eux-mêmes. Non seulement ils fatiguent leur entourage par leur plainte permanente, mais ils se privent eux-mêmes des délices de la vie et des joies d'une bonne compagnie.

Des contours plus nets

En grandissant et en devenant adulte, l'enfant a besoin de pouvoir s'affirmer face à ses parents, pour exprimer qui il est, favoriser sa prise d'indépendance et pouvoir s'épanouir. Certains parents particulièrement proches ou envahissants, anxieux ou méfiants, voire autoritaires, rendent cette affirmation plus difficile, et parfois plus conflictuelle.

Fille d'une mère médecin et d'un père professeur de marketing, Sarah peine à se faire entendre, d'autant qu'elle est la dernière des quatre filles. Elle a beau être en dernière année d'études supérieures, ses parents savent tout mieux qu'elle et ses sœurs la considèrent « toujours comme la petite ». Patiemment, au fil des semaines, Sarah pose des jalons dans ses discussions avec ses parents pour mieux définir son espace face à eux :

> « J'ai l'impression que je suis en train de tisser une bulle autour de moi, ma bulle à moi, et qu'ils ne pourront plus y entrer. »

Sarah précise les contours de sa personne, les limites d'un être différencié qui ne se fond plus et ne se confond plus avec ses parents. Sarah prend position et s'exprime plus nettement. Par exemple :

> « J'ai dit à mes parents que je ne trouvais pas juste qu'ils parlent de moi en ma présence sans s'adresser à moi et comme si je n'étais pas là. »

Alors que ses parents ont tendance à lui faire de nombreux reproches[1], la jeune femme réussit

1. Nous avons vu précédemment que la tendance aux reproches est une forme dérivée de la plainte.

aussi à *distinguer* ce que les autres disent d'elle sous la forme de désignations du type « Tu es ceci, tu es cela ! » de ce qu'elle perçoit d'elle-même : « Je suis ainsi... » ou « Voici ce que je sens, ce que je pense ». Sarah est désormais à l'écoute d'elle-même.

Au-delà de l'adolescence et du jeune âge adulte, cette affirmation de soi à partir de ses perceptions et de ses intimes convictions est aussi nécessaire qu'essentielle tout au long de l'existence. Elle devient d'autant plus indispensable que l'autre, face à soi, a tendance à peser sur la relation avec ses gémissements insistants et ses jérémiades intarissables.

Face à la plainte

Le problème est que bien souvent les Calimero ne sont pas conscients qu'ils le sont. À vrai dire, il est assez rare d'entendre quelqu'un se plaindre... de ce qu'il se plaint trop ; plus fréquemment, c'est l'entourage – membres de la famille, collègues et amis – qui le pense sans d'ailleurs oser le lui dire. Le cercle vicieux se met alors en place : on médit du geignard, rendant la plainte de ce dernier justifiée, alors qu'elle ne l'était pas nécessairement. Pour cette raison, il est important d'écouter les infortunés confidents de ces éternels incompris. Il vaut mieux, dans ce cas, éviter deux échappatoires : celle qui consiste à réagir de façon très négative à la plainte, en envoyant aux gémonies le plaignant, et celle qui, lâchement, abonde dans son sens pour mieux le tourner en dérision lorsqu'il a le dos tourné !

La meilleure position à adopter est celle qui permettra à Calimero d'être entendu, mais aussi qui, progressivement, l'aidera à relativiser ses déboires. Il ne s'agit pas de minimiser des malheurs bien réels, mais de souligner le caractère répétitif de la plainte. Le proche d'une personne qui se plaint de manière fréquente a sans doute raison de considérer qu'il y a là une exagération pesante. Il peut alors aider celui ou celle qui se confie à lui, par exemple, à établir une hiérarchie entre ses maux. C'est une façon de montrer l'intérêt pris à l'autre, et de témoigner un désir d'écoute et de compréhension.

En mettant en valeur ce qui mérite de l'être, le confident replace à l'arrière-plan les plaintes moins fondées. L'essentiel est de faire le partage entre griefs justifiés et injustifiés, d'accompagner la vraie protestation vers la résolution du problème qu'elle met en évidence, et de laisser entendre le caractère dérisoire des lamentations abusives. Peu à peu, gagnant en confiance en l'autre et en soi, le Calimero pourra, de lui-même, relativiser les motifs de ses gémissements. Le fleuve des lamentations pourrait ainsi se tarir...

Lamentations perpétuelles

Souvent, au travail notamment ou dans certains contextes publics, le réflexe face à une personne qui se plaint exagérément est de la fuir, puis d'éviter de la fréquenter ou même de la croiser, sinon de couper court aux conversations qu'elle engage. Parfois l'esquive n'est pas possible, par exemple s'il s'agit d'un collègue avec lequel vous faites équipe, ou s'il s'agit d'usagers, de patients ou de clients.

Il est alors nécessaire de dépasser le réflexe quasi « sécuritaire » qui vise à se protéger en essayant de tenir le plaintif loin de soi. Certains apprennent à s'exprimer plus clairement, d'autres à mieux se respecter et se faire respecter, dans tous les cas à être clairs.

Il y a quelques mois, Antoinette a quitté son poste d'infirmière urgentiste à l'hôpital pour ouvrir un cabinet en libéral. Elle découvre une nouvelle façon de travailler avec des patients réguliers, dont certains ont tendance à se lamenter répétitivement ou lourdement. Dans un premier temps, pour se protéger, elle se met en colère contre ceux qui l'envahissent trop par leurs gémissements surfaits. Puis, elle perçoit qu'elle a besoin de prendre le temps d'identifier ce qui se passe pour elle, avant de le nommer, en disant quelque chose de simple au patient qui abuse de sa bonne volonté.

« Je ne subis plus sans rien dire. Je m'apprivoise. Je prends du temps pour moi, pour mieux discerner et être plus juste, puis je peux me positionner sans violence. J'exprime ce qui ne va pas », confie-t-elle.

Comme beaucoup d'autres, Antoinette a eu besoin de *faire seule l'expérience*. D'une certaine façon, la lecture lui a été utile, dans un premier temps. Elle piochait à droite et à gauche, dans des livres ou des magazines, des idées intéressantes qu'elle pouvait mettre à profit. Pourtant, cette méthode s'est rapidement heurtée à deux écueils. D'une part, elle a eu longtemps tendance à beaucoup trop intellectualiser plutôt que d'être simplement en prise avec la situation concrète qu'elle était en train de vivre. D'autre part, en ne s'appuyant que sur les idées des autres, notamment des « experts » dans les médias, elle s'est empêchée de développer son propre discernement et une pensée personnelle.

« Je ne doute plus de mes ressentis, j'accepte mes perceptions. L'aide que j'apporte aux autres passe par ma propre expérience. Je suis plus en lien avec moi-même, avec mes sensations, ma respiration, un silence intérieur. Je découvre le désintéressement, c'est peut-être cela que l'on appelle le détachement. Je sens en moi un espace qui se crée[1]. »

1. Je l'appelle *espace de subjectivation*. Voir S. Tomasella (2015).

Les personnes qui sont en contact avec des malades, dans leur entourage ou dans le cadre de leur travail, peuvent un jour prendre conscience que certains d'entre eux persistent dans leur maladie ou s'installent dans leur statut de malades, du fait d'un *refus inconscient de guérir*. Dans ce cas, leur « plainte » correspond au discours qu'ils croient devoir tenir aux autres pour continuer à être considérés comme malades, donc soignés, sans risquer la cessation de ces soins. Même s'ils en sont relativement conscients, Nora et Ulysse peinent à l'accepter. À de rares éclairs de lucidité près, Line ou César préfèrent l'occulter...

Outre ce constat essentiel qui l'a aidée à prendre de la distance avec ses patients, Antoinette a également passé un cap. En souriant, nous l'avons appelé le « cap de bonne espérance », tant elle s'est sentie allégée. Avec Antoinette et d'autres patients, nous avons pu mettre en évidence combien *se libérer de sa propre tendance à gémir ou à protester aide à être plus clair, plus détaché et plus ferme face aux plaintes d'autrui.*

Antoinette précise :

> « Je quitte le manteau du passé. Je me sens déchargée... Je ne fais plus de concessions. Je ne suis plus la marionnette des autres. [...] J'ai aussi compris que la sécurité n'existe pas, alors que la paix existe, oui. [...] J'ai conscience de ma valeur. Je suis précieuse, il y a un trésor en moi. »

Comme Christopher l'a pointé, existerait-il un *effet d'entraînement* des jérémiades qui pousserait le proche d'une personne plaintive à se lamenter lui-même à son tour ?

Enfant préféré, enfant plaint ?

Il arrive que certains parents préfèrent ostensiblement l'un de leurs enfants. Les faveurs ou les privilèges dont il bénéficie peuvent légitimement être considérés comme une forme d'iniquité par les autres enfants. Toutefois, la préférence des parents, ou de l'un d'entre eux, peut se faire plus discrète et s'exprimer plutôt par le biais d'une plainte le concernant. Les récits de ses déboires remplissent alors les conversations familiales.

Constance et sa sœur aînée ont facilement accepté les marques d'attention et d'affection dont a bénéficié leur plus jeune frère. Cela faisait partie de la vie familiale, de la tendresse autant que des libéralités envers le plus petit. Aujourd'hui mère à son tour, Constance remarque, lorsqu'elle est en vacances chez ses parents, qu'il ne se passe pas un repas ou un moment ensemble sans que ses parents ne parlent de son petit frère, à plus forte raison s'il est absent. Leur discours est centré sur les nombreux malheurs et les inacceptables injustices que son frère, pourtant adulte et bien portant, semble subir sans arrêt.

Constance en est arrivée à craindre qu'elle, son mari et ses enfants ne soient pas assez intéressants ou importants pour ses parents. Elle a essayé de leur faire remarquer la préoccupation constante dans laquelle ils sont pour leur dernier enfant, mais ils ont purement et simplement nié le plaindre à longueur de journée et l'ont accusée de jalousie.

Face à la surdité, voire à la malhonnêteté, des personnes qui ne reconnaissent même pas la réalité de leurs gémissements, il n'est guère possible de faire autrement que d'en prendre son parti, tout en se tenant à distance et en se centrant sur ce qui va bien pour soi.

Cindy se souvient à quel point le couple de ses parents, leur relation, leur amour, etc., primaient pour eux sur tout le reste. Elle a compris que les lamentations quotidiennes de leur mère contre elle et ses sœurs étaient une façon de leur signifier qu'elles étaient de trop et qu'elles venaient déranger le bonheur paradisiaque de la relation idyllique entre leurs parents ! Jeune adulte, Cindy a souhaité en parler avec ses parents qui lui ont répondu qu'ils ne savaient pas de quoi elle voulait parler, tout en lui reprochant d'avoir « toujours exagéré »...

Dans certains groupes ou familles, le recours aux récriminations et aux réclamations sert aussi à éviter les conversations sincères. L'authenticité et la profondeur de la relation font peur, ce qui provoque une réticence, voire une fermeture, tout en maintenant les discours dans un registre superficiel. Les échanges sont limités au temps qu'il fait et aux plaintes des uns et des autres contre le travail, l'économie, la société, la politique, les voisins, etc.

Doléance pour doléance, ou Calimero contre Calimero

De nombreuses situations sont bien plus complexes que ce que nous avons laissé entendre jusqu'à présent, car elles voient s'opposer les réquisitoires de deux (ou plusieurs) plaignants. Leurs requêtes peuvent sembler aussi recevables l'une que l'autre. Il est parfois difficile de négocier un accord, de trouver un juste milieu, voire de trancher, même si un tiers joue le rôle de médiateur ou si une autorité (parent, patron, tribunal) entre en lice.

Christopher est souvent en désaccord avec sa sœur aînée pendant les vacances. Elle travaille énormément alors que lui voudrait s'amuser avec elle. Tous deux récriminent avec vigueur. Ils font valoir la qualité de leurs arguments et la véracité de leur protestation.

> « Ma sœur me dit que, pour elle, les vacances sont faites pour travailler. À force, je ressens de la violence contre moi, et même de la honte à ne pas travailler autant qu'elle. J'ai l'impression d'être écrasé par sa volonté inflexible. Parfois, même, je me sens anéanti. » [Il accompagne ces mots de

gestes très appuyés.] Interrogé sur ses attentes, il confie : « J'ai besoin que ma sœur ne m'écrase plus. Je voudrais réussir à ne plus avoir honte. Je voudrais pouvoir être avec elle. J'ai surtout besoin de plus d'affection. Je demande que nous soyons plus ensemble, elle et moi : pour parler, se promener, jouer... »

De son côté, la grande sœur est étonnée par les ressentis de Christopher, elle ne cherche pas à écraser son frère ou à l'anéantir, elle ne sent pas de violence à son égard. Ce réajustement permet à Christopher de mettre un terme à sa protestation, en faisant un retour sur lui-même.

> « En ce moment, je réagis mal à tout. Je suis dans une phase noire. J'aurais besoin d'être seul. Je réfléchis et je me sens mal. Après une discussion, je me sens encore plus mal. En fait, je traverse une période très difficile depuis deux ans et demi. Je ne m'en rends compte que maintenant. »

Le bénéfice d'une confrontation, si chacun prend le temps de revenir à soi-même puis de mesurer ce qui a été dit, est de faciliter d'importantes prises de conscience. Reste alors le plus ardu, dans chaque évolution personnelle, qui est de mettre en pratique, de passer dans le concret, d'incarner les découvertes sur soi...

De la justesse à la joie

La seule perfection est la joie, suggère le philosophe Spinoza dans son *Éthique*. Il y définit la joie comme une transition : « La joie est le passage d'une moindre perfection à une perfection plus grande[1]. »

Nous avons mentionné la prise de distance et le détachement nécessaires face aux gémissements réitérés de proches, l'acceptation de ses limites comme de celles des autres, le retour sur soi qui mène à une plus grande clairvoyance, etc. Non seulement tous ces actes ne sont pas faciles à mettre en œuvre, mais ils ne seraient que des efforts ou, pire, des contraintes, voire des injonctions morales, s'ils ne débouchaient sur une plus grande joie. En effet, le désir humain le plus profond n'est pas de bien faire, même après la lecture d'un livre rigoureux ou l'écoute d'une conférence édifiante, il est de connaître la *félicité*.

Trop de discours nous encombrent. Parmi ces propos, ceux sur le bonheur tiennent une large place. Pourquoi se restreindre aux bonheurs domestiques influencés par la publicité et un pâle consensus social nous voulant normalisés, satisfaits, rangés et corrects ? Nous aspirons à de plus

1. B. de Spinoza (1677), p. 480. Dans certaines traductions, il est question de « capacité » ou de « puissance », plutôt que de perfection... Nous éprouvons la joie de connaître notre finitude participant à la réalité infinie.

grandes joies : à l'allégresse, à la béatitude, à l'extase !

Dans ce contexte, nous sommes tous des Calimero indignés par la place tellement restreinte que la société concède à notre authentique félicité. Il est juste de ne pas s'en contenter, il est juste d'être en quête, il est juste de soutenir son désir. *Juste*, ici, ne signifie pas justice, mais plutôt ce qui est « adéquat », pour reprendre un terme cher à Spinoza, ce qui est congruent, ce avec quoi nous sommes profondément en accord. Aristote y voyait d'ailleurs la vraie liberté : « Être conforme à son essence[1]. » Nous retrouvons aussi Socrate qui articule juste, beau et bon, car tout cela concourt à la justesse à laquelle nous aspirons.

Un sujet unique, libre et spécifique

La première forme de *justesse* envers soi-même et envers l'autre consiste à reconnaître à chacun sa singularité. Il n'existe rien de pire que tous ces systèmes psychologiques, sociologiques, philosophiques, politiques, religieux, médicaux et autres qui écrasent le sujet humain et le dépersonnalisent en le jaugeant, le jugeant, le catégorisant... et en voulant le contrôler.

Chacun de nous choisit d'emprunter la voie unique qui est la sienne, *sa* voie vers la félicité. Certains chantent, dansent ou marchent,

1. Aristote, *Éthique à Nicomaque*.

d'autres méditent, peignent, sculptent, écrivent. Certains travaillent sans répit, beaucoup d'autres contemplent sans cesse. Quelques-uns s'engagent dans des thérapies, d'autres lisent, écoutent, ou prient...

Lisa affirme qu'elle ne veut plus vivre dans l'insatisfaction et s'y tient. Clément reconnaît que vieillir lui demande de faire preuve de beaucoup d'amour envers lui-même. Christopher découvre :

> « Je construis ma vie par moi-même, sans trop dépendre des autres. Je suis heureux de choses simples qui me font du bien. »

Face à la grave maladie qui l'emportera un jour, Soraya se trouve confrontée à « un vide de sens ». L'épuisement physique se double d'une lassitude psychique, d'une usure qu'elle confie sobrement au psychanalyste, mais dont elle ne se plaint pas.

> « Je constate, c'est tout. Est-ce que je vais en voir le bout ? Petit à petit, j'apprends à vivre au jour le jour. Je ne supporte plus de programmer à l'avance. Je n'ai plus besoin de plaire et même d'être aimée », confie-t-elle, pour déclarer quelque temps plus tard, sereine et prête à envisager la mort : « J'entre dans une autre dimension de la vie... de ma vie, en tout cas. »

Ces paroles tellement justes de celles et de ceux qui cheminent aux confins de l'existence nous apprennent bien plus que toutes les théories et les idéologies réunies. Medhi prend la mesure de sa transformation :

> « Je ne râle plus pour un oui pour un non. Je suis sorti de l'opposition, je dis ce que je pense calmement. [...] Pour moi, ça a été très important de reconnaître ma vulnérabilité. Cela me permet maintenant de ressentir de l'empathie envers mes proches et surtout de la compassion envers moi-même. »

Pour Medhi, « aller bien, c'est faire correspondre l'imagination et la réalité ». Il arrive un jour en séance, joyeux d'avoir fait une découverte en écoutant Edgar Morin, selon lequel l'organisation universelle est le désordre et la complexité. Medhi l'entend comme une révélation pour lui qui a passé ses cinquante premières années à vouloir tout mettre en ordre et à simplifier une réalité qu'il trouvait trop chaotique et compliquée, du fait de sa douloureuse histoire. En associant librement à partir de ce constat, il comprend que, pour lui, jusque-là, la réaction n'était pas une *réponse ;* réagir le poussait à se plaindre sans fin. « Maintenant, je choisis si je réponds, quand je réponds et comment je réponds. »

Beaucoup de patients qui s'éveillent à leur spécificité, à la singularité de leur être, parlent de sortir de l'oubli, de se réveiller ou d'émerger du sommeil, d'ouvrir les yeux, de se mettre debout ou en marche, de retrouver la spontanéité, l'enthousiasme et la joie. Medhi constate également que sa relation au temps a changé :

> « Avant, pendant longtemps, je vivais le temps en boucle, comme si j'étais enfermé dans une roue du temps. Maintenant, je n'ai plus cette sensation. Le temps est devenu un mouvement. Pour moi, le temps s'écoule librement. [...] Je prends le temps de percevoir avant d'affirmer. Cette nouvelle perception du temps me permet d'envisager le futur. Je refoule moins le futur. *J'ai plus de futur.* Je sens une grande ouverture devant moi. J'ai une meilleure mémoire. Ma vie a considérablement changé, tout se passe bien, c'est extraordinaire ! »

Naguère grise, ou en damier noir et blanc, la vie a retrouvé ses couleurs, ses teintes et ses nuances. Elle recouvre aussi sa plasticité, sa mobilité, sa fluidité, ses variations à l'infini...

Des couleurs au bout des doigts

Beaucoup de patients choisissent d'exprimer de plus en plus librement leurs ressentis. Qu'ils dessinent ou peignent l'injustice, qu'ils préfèrent la représenter par des collages ou des modelages, ou même danser librement leurs lamentations, peu importe : ils ont reconquis aussi l'audace, la fantaisie créative, l'abondance des couleurs et les jeux entre elles, leur capacité de s'émerveiller, de réenchanter le monde, leur monde.

Pour d'autres, le « carnet des injustices » est devenu un journal intime, ou même un carnet de la justesse ou de la gratitude, la joie d'un rendez-vous précieux avec soi-même.

> « Écrire me permet de dévoiler mes sentiments et mes pensées, ce qui relève de l'intime pour moi. Je suis apaisée de me sentir enfin vraiment écoutée. J'ose m'affirmer en tant que femme et poser des mots vis-à-vis d'hommes irrespectueux envers moi ou envers d'autres femmes. J'écris tous les jours. Ce sont des espaces silencieux, des dialogues avec moi-même, qui jamais ne sont censurés, et j'en suis reconnaissante », confie Olivia, les larmes aux yeux.

Certains patients expliquent leur plaisir à retrouver l'élan vital en eux, comme des « poussées de croissance » à l'intérieur de leur être. Ils font l'expérience d'un jaillissement. À ceux qui s'étaient désensibilisés, la découverte et l'apprivoisement de leur sensorialité procurent beaucoup de volupté. Ils le vivent comme une aventure.

Enfin, celles et ceux qui étaient dans la survie, dans une forme d'urgence perpétuelle, goûtent les possibilités de patienter, et même de ne rien faire, d'être là, présents seulement, sans attente et sans agir.

Il y a un temps pour tout, dit le sage. Il est un temps pour agir, un temps pour se reposer, puis vient aussi le temps de savourer et de jubiler. Exulter, même !

Qu'importe si quelques grincheux y trouvent à redire. Bien sûr, ils ne manqueront pas de le faire. Il reste simplement et sincèrement à leur souhaiter que leurs plaintes puissent un jour aussi se transformer en joies et leur ouvrir tout grand le chemin de l'allégresse...

ÉPILOGUE

« Il ne s'agit pas forcément de comprendre.
Il existe autant d'approches que de thérapeutes.
Félix Guattari disait qu'il y a toujours matière à option.
La question devient alors : dans quelle expérience
je me sens le plus apte à être avec l'autre ? »

Marie-Jeanne Gendron-Garnier.

Dans notre voyage d'explorateurs partis découvrir le continent de l'injustice, nous avons constaté comment, derrière chaque plainte, agit une souffrance réelle, plus ou moins consciente, qui peut découler d'une peur, d'une douleur, d'une déception, d'une désillusion, voire d'une aspiration ou d'un besoin non reconnus, plutôt qu'insatisfaits.

L'injustice peut désigner plusieurs réalités différentes : l'absence de justice, la négation de la justice, le caractère injustifié d'un acte, d'un propos ou d'une situation. En outre, il est possible de sentir croître en soi un sentiment d'injustice, même si une injustice réelle n'est pas flagrante. Ce sentiment résulte alors plutôt d'une incompréhension, d'un rejet, d'un abandon et, plus encore, de situations de désarroi, de détresse ou d'impuissance, présentes ou passées.

Ainsi, le sentiment d'injustice peut découler d'une insatisfaction ponctuelle ou durable ; d'un manque réel d'amour, de considération, de reconnaissance ; d'une perte douloureuse ou de la menace d'une perte à venir ; d'un changement profond tenu pour irréversible, etc. Très souvent, un vécu d'injustice cherche une issue dans la plainte, comme si elle était son seul lieu d'émergence possible. De surcroît, comme la violence, l'injustice non reconnue peut être retournée en injustice contre soi-même.

Concernant celles et ceux qui ont tendance à se lamenter de façon récurrente, nous avons proposé, avec un brin d'humour, l'idée d'un *syndrome de Calimero*. Il correspond à une protestation insistante, plus rarement à de virulentes revendications, de la part d'une personne qui n'arrive pas à exister autrement que centrée sur elle-même et sur ses souffrances, exigeant de son entourage une attention soutenue, voire constante.

Cette ritournelle sous forme de complainte recouvre, en fait, une incapacité à exprimer ses vrais malheurs. En somme, les Calimero de la réalité quotidienne gémissent contre des « injustices » présentes souvent sans grande importance, au lieu de faire connaître les injustices passées qui n'ont pas été entendues et dont ils n'ont pas été consolés.

Toutefois, notre étude nous a menés beaucoup plus loin. Au fond de chacun de nous sommeille un Calimero qui peut se réveiller à l'occasion. Il est le dépositaire de notre plus grande vulnérabilité, autant que de la mémoire de nos vécus archaïques d'impuissance ; ces moments où l'aide et le secours dont nous avions besoin nous ont cruellement fait défaut.

En souvenir de ces lointains moments d'épreuve, Calimero réclame en vain. Il appelle une puissance tutélaire, il invoque le ciel, mais le ciel est vide, il n'y a pas de tutelle... Ce que nous appelons *Calimero* est le résidu psychique de ces expériences fondamentales de déréliction. Après la chute, chacun reste seul, vraiment seul ; il en est ainsi.

Cet essai nous a conduits sur des rivages incertains, très différents les uns des autres ; il était important de les explorer tous... Plus concrètement, tout de même, nous avons compris au fil des témoignages combien, lorsque c'est possible, chaque difficulté invite à une élucidation, chaque question attend une réponse, chaque problème espère une résolution. Nous avons même pu apporter quelques exemples de personnes qui ont réussi à se libérer d'un sentiment d'injustice prégnant ou d'une fâcheuse habitude à gémir sans arrêt.

Nous avons aussi essayé d'envisager quelques pistes pour aider ceux qui vivent avec de grands plaintifs. Nous avons exposé des motivations, souligné des mécanismes inconscients, désigné des voies possibles, mais la fin reste ouverte. À chacun de situer son histoire dans la perspective qui lui paraîtra la plus adéquate, parmi celles que nous avons tracées, ou en dehors. La plainte demeure en partie un mystère ; aussi vaste, probablement, que l'inconscient lui-même !

Nous voici arrivés au terme de ce périple, sans pouvoir et sans vouloir vraiment conclure. Il serait dérisoire de réduire au plus petit dénominateur commun la diversité et la richesse de ces complaintes ou leur résolution éventuelle. Au lecteur d'entendre ces témoignages et nos interprétations, de les laisser résonner en lui, et de poursuivre son chemin, faisant de nouveau pour lui-même l'expérience de la liberté...

BIBLIOGRAPHIE

ABRAHAM Nicolas, TOROK Maria, *L'Écorce et le Noyau*, Flammarion, 1987.

ANZIEU Didier, *Le Groupe et l'Inconscient*, Dunod, 1999.

ARAGON Louis (1956), *Le Roman inachevé*, Gallimard, 1980.

AUSTEN Jane (1813), *Orgueil et préjugés*, Le Livre de Poche, 2011.

AZOURI Chawki, *J'ai réussi là où le paranoïaque échoue. Théorie et transfert(s)*, Érès, 2015.

BALINT Mickaël, *Le Défaut fondamental*, Payot, 2003.

BALZAC Honoré de (1844), *Le Colonel Chabert*, Gallimard, 1999.

BAUDELAIRE Charles (1857), *Les Fleurs du mal*, Larousse, 2011.

BAZIN Hervé, *Vipère au poing*, Le Livre de Poche, 1972.

BION Wilfred (1961), *Recherche sur les petits groupes*, PUF, 1965.

BRUYANT Anne-Marie, *La Danse libre*, Rolland, 2012.

CHATEAUBRIAND François-René de, *Génie du christianisme* (1803), Flammarion, 1993 ; *Mémoires d'outre-tombe* (1848), Le Livre de Poche, 2001.

CLERGET Stéphane, *Nos garçons en danger*, Flammarion, 2015.

COLETTE Sidonie (1936), *Mes apprentissages*, Le Livre de Poche, 2004.

DEFORES Marie-Claude, PIEDIMONTE Yvan, *La Constitution de l'être*, Bréal, 2009.

DELAUNAY Pierre, *Les Quatre Transferts*, Fédération des Ateliers de psychanalyse, 2011.

DOLTO Françoise, *L'Image inconsciente du corps*, Seuil, 1984.

DUPONT Judith, *Au fil du temps*, Campagne Première, 2015.

FERENCZI Sándor, « Transfert et introjection » (1909), *Psychanalyse I*, Payot, 1990 ; *Journal clinique* (1932), Payot, 1985 ; *Confusion de langue entre les adultes et l'enfant* (1932), Payot, 2004.

FITZGERALD Francis Scott (1925), *Gatsby le magnifique*, Le Livre de Poche, 2013.

FREUD Sigmund, BREUER Josef (1895), *Études sur l'hystérie*, PUF, 2002.

FREUD Sigmund, « Lettres à W. Fliess » (1887-1902), *La Naissance de la psychanalyse*, PUF, 1973 ; *Correspondance avec S. Ferenczi* (1908-1914), Calmann-Lévy, 1992 ; *L'Interprétation des rêves* (1900), PUF, 2010 ; *Psychopathologie de la vie quotidienne* (1901), Payot, 1967 ; « Fragments d'une analyse d'hystérie » (1905), *Cinq psychanalyses*, PUF, 2014 ; *Le Délire dans la Gradiva de Jensen* (1907), PUF, 2010 ; *Le Président Schreber* (1911), PUF, 1995 ; *Métapsychologie* (1915), Gallimard, 1968 ; *La Question de l'analyse profane*

(1926), Gallimard, 1985 ; *L'Avenir d'une illusion* (1927), PUF, 1997 ; *Le Malaise dans la culture* (1930), PUF, 1995 ; *Abrégé de psychanalyse* (1938), PUF, 1998.

GIDE André, *Journal : une anthologie 1889-1939*, Le Livre de Poche, 2012.

GREEN André, *Illusions et désillusions du travail psychanalytique*, Odile Jacob, 2010.

HIGHSMITH Patricia (1955), *Le Talentueux M. Ripley*, Calmann-Lévy, 1956.

HILLESUM Etty (1981), *Une vie bouleversée*, Seuil, 1985.

HUGO Victor (1862), *Les Misérables*, Le Livre de Poche, 2014.

JACQUARD Albert, *Être humain ?*, Éditions de l'Aube, 2005.

KAËS René, *Le Malêtre*, Dunod, 2012.

KLEIN Melanie, *Essais de psychanalyse*, Payot, 1967.

KLEIST Heinrich von (1810), *Michael Kohlhaas*, Phébus, 1983.

LABÉDAN Carole, *Inceste, la réalité volée*, Bréal, 2012.

LACAN Jacques, *Écrits*, Seuil, 1966.

LAFORGUE Jules (1885), *Les Complaintes*, Flammarion, 1998.

LAING Donald R. (1959), *Le Moi divisé*, Stock, 1970.

LAMARTINE Alphonse de (1835), *Voyage en Orient*, Folio, 2011.

LEMLER Daniel, *Répondre de sa parole*, Érès, 2001.

LE ROY Eugène (1899), *Jacquou le Croquant*, Le Livre de Poche, 1974.

LEVINAS Emmanuel, *Éthique et infini*, Fayard, 1982 ; *Éthique comme philosophie première*, Payot, 1998.

MIJOLLA-MELLOR Sophie de, *Le Plaisir de pensée*, PUF, 1992.

MILLER Alice, *C'est pour ton bien*, Aubier, 1984.

MIRBEAU Octave (1900), *Journal d'une femme de chambre*, Le Livre de Poche, 2012.

MULLER-COLARD Marion, *L'Autre Dieu*, Labor et Fides, 2014.

NACHIN Claude, *À l'aide, y a un secret dans le placard !*, Fleurus, 1999.

PALACIO Marie-France de, *« Ecce Tiberius » ou la réhabilitation historique et littéraire d'un empereur « décadent » (Allemagne-France, 1850-1930)*, Champion, 2006 ; *Ta sensibilité te tuera*, Max Milo, 2016.

PROUST Marcel, *À l'ombre des jeunes filles en fleurs* (1918), Le Livre de Poche, 2008 ; *Du côté de Guermantes* (1921), Le Livre de Poche, 2003.

RACINE Jean (1697), *Britannicus*, Larousse, 2011.

RAND Nicholas, TOROK Maria, *Questions à Freud*, Les Belles Lettres, 1995.

RÉFABERT Philippe, SYLWAN Barbro, *Freud, Fliess, Ferenczi, des fantômes qui hantent la psychanalyse*, Hermann, 2010.

RENARD Jules (1894), *Poil de carotte*, Flammarion, 2014.

ROUSSEAU Jean-Jacques (1782), *Les Confessions*, in *Œuvres complètes*, Gallimard, « Bibliothèque de la Pléiade », 1959.

SARTRE Jean-Paul (1948), *Les Mains sales*, Gallimard, 1972.

SEARLES Harold (1965), *L'Effort pour rendre l'autre fou*, Gallimard, 1977.

SHAKESPEARE William (1603), *Hamlet*, Folio, 2016.

SPINOZA Baruch de (1677), *Éthique*, in *Œuvres complètes*, Gallimard, « Bibliothèque de la Pléiade », 1954.

SOLER Colette, *Lacan ou l'inconscient réinventé*, PUF, 2009.

STEINBECK John (1939), *Les Raisins de la colère*, Folio, 1972.

SUPERVIELLE Jules, *Boire à la source*, Gallimard, 1951.

TISSERON Serge, *La Honte*, Dunod, 1992 ; *L'Empathie au cœur du jeu social*, Albin Michel, 2010 ; *Fragments d'une psychanalyse empathique*, Albin Michel, 2013.

TOMASELLA Saverio, *La Folie cachée*, Albin Michel, 2015 ; *Désubjectivation, resubjectivation et résiliance collective en situation de catastrophe*, Université Sorbonne-Paris-Cité (Paris-VII), 2016.

TOROK Maria, *Une vie avec la psychanalyse*, Aubier, 2002.

VERLAINE Paul (1874), *Romances sans paroles*, Flammarion, 2012.

WINNICOTT Donald W., *Jeu et réalité, l'espace potentiel* (1971), Gallimard, 1975 ; *La Nature humaine* (1988), Gallimard, 1990 ; *La Crainte de l'effondrement* (1989), Gallimard, 2000.

Table

Saverio Tomasella au Livre de Poche

Les Amours impossibles n° 33754

35 % de célibataires, 18 millions de personnes seules en France... Pourquoi est-il si difficile de connaître l'amour ? Ce livre met en lumière les schémas amoureux et les erreurs que nous répétons, sans en avoir conscience, mais qui nous mènent à des impasses. Il aide chacun à trouver le chemin de l'amour.

Hypersensibles n° 34013

Vous a-t-on déjà dit que vous étiez à vif ou à cran, caractériel, prise de tête, fragile ? S'est-on déjà moqué de vos accès de larmes, de votre impulsivité ou, au contraire, vous a-t-on reproché vos silences et votre difficulté à communiquer vos sentiments ? Oui ? Il se peut que vous soyez « hypersensible ». Cet ouvrage permet de comprendre l'hypersensibilité, d'en découvrir les sources possibles et de considérer l'extrême sensibilité comme un trésor à partager.

Renaître après un traumatisme n° 33498

Une séparation amoureuse, le décès d'un proche, une agression physique ou une catastrophe naturelle... Il n'y a ni petit ni grand traumatisme quand il est considéré du point de vue du sujet. Comment sortir de cette épreuve ? Grâce à sa double formation de psychanalyste et de docteur en sciences humaines, et en prenant appui sur de nombreux témoignages et exemples, Saverio Tomasella donne les clés pour identifier les sources du traumatisme, comprendre ses manifestations, en limiter les effets et parvenir à se reconstruire.

Le Sentiment d'abandon n° 33239

Qui n'a pas vécu, un jour ou l'autre, la morsure cruelle de l'abandon ? Qui n'en éprouve pas, parfois, la sourde angoisse ? Ce livre explore les abandons, vécus ou craints, et leurs multiples conséquences – dépendance, dépression, honte –, ainsi que les défenses qui permettent de les occulter, de les maîtriser ou de les justifier. Après être remonté aux origines infantiles de ces troubles, l'auteur nous guide concrètement pour nous libérer de nos peurs, de nos culpabilités, de nos refus de changer et des schémas inconscients qui nous enferment dans le pire des cachots : celui de victime.

Du même auteur :

Derrière le mur coule une rivière, Leduc, 2018.
J'aide mon enfant hypersensible à s'épanouir, Leduc, 2018.
La Marque chez le psychanalyste, Bréal, 2018.
Attention, cœurs fragiles ! Eyrolles, 2018.
À fleur de peau, Leduc, 2017.
Petites peurs ou grosses terreurs, Leduc, 2016.
Les Relations fusionnelles, Eyrolles, 2016.
La Folie cachée. Survivre auprès d'une personne invivable, Albin Michel, 2015.
Pour Brigitte (poèmes), Alain Boullet, 2014.
L'Emprise affective, Eyrolles, 2014.
Hypersensibles, Eyrolles, 2013.
Le Transfert, Eyrolles, 2012.
La Marque sur le divan, LCA, 2012.
Les Amours impossibles, Eyrolles, 2012.
L'Inconscient, Eyrolles, 2011.
Renaître après un traumatisme, Eyrolles, 2011.
Le Chant des songes (roman), Persée, 2010.
La Perversion, Eyrolles, 2010.
Le Sentiment d'abandon, Eyrolles, 2010.

Le Surmoi, Eyrolles, 2009.
Oser s'aimer, Eyrolles, 2008.
Vivre en relation, Eyrolles, 2007. *Habiter son corps*, Eyrolles, 2006.
Personne n'est parfait, Eyrolles, 2005.
Faire la paix avec soi-même, Eyrolles, 2004.
D'amour tendre (roman), Éditions des Écrivains, 1999.

PAPIER À BASE DE
FIBRES CERTIFIÉES

Le Livre de Poche s'engage pour
l'environnement en réduisant
l'empreinte carbone de ses livres.
Celle de cet exemplaire est de :
500 g éq. CO_2
Rendez-vous sur
www.livredepoche-durable.fr

Composition réalisée par PCA

Achevé d'imprimer en février 2019, en France sur Presse Offset par
Maury Imprimeur – 45330 Malesherbes
N° d'imprimeur : 233156
Dépôt légal 1re publication : octobre 2018
Édition 02 – février 2019
LIBRAIRIE GÉNÉRALE FRANÇAISE – 21, rue du Montparnasse – 75298 Paris Cedex 06

80/4067/6